课堂管理，会者不难

王晓春◎著

中国轻工业出版社

图书在版编目（CIP）数据

课堂管理，会者不难/王晓春著. —北京：中国轻工业出版社，2010.8（2024.1重印）
ISBN 978-7-5019-7697-3

Ⅰ.①课… Ⅱ.①王… Ⅲ.①课堂教学-教学管理-中小学 Ⅳ.①G632.421

中国版本图书馆CIP数据核字（2010）第114253号

保留所有权利。非经中国轻工业出版社"万千教育"书面授权，任何人不得以任何方式（包括但不限于电子、机械、手工或其他尚未被发明或应用的技术手段）复印、拍照、扫描、录音、朗读、存储、发表本书中任何部分或本书全部内容，以及其他附带的所有资料（包括但不限于光盘、音频、视频等）。中国轻工业出版社"万千教育"未授权任何机构提供源自本书内容的电子文件阅览、收听或下载服务。如有此类非法行为，查实必究。

责任编辑：吴　红　　　责任终审：杜文勇
策划编辑：吴　红　　　责任校对：刘志颖　　　责任监印：吴维斌

出版发行：中国轻工业出版社（北京鲁谷东街5号，邮编：100040）
印　　刷：三河市鑫金马印装有限公司
经　　销：各地新华书店
版　　次：2024年1月第1版第12次印刷
开　　本：710×1000　1/16　印张：14.5
字　　数：137千字
印　　数：28001—30000
书　　号：ISBN 978-7-5019-7697-3　　定价：26.00元
读者热线：010-65181109
发行电话：010-85119832　　010-85119912
网　　址：http://www.chlip.com.cn　　http://www.wqedu.com
电子信箱：1012305542@qq.com
如发现图书残缺请拨打读者热线联系调换
232326J5C112ZBW

前言

　　课堂管理是教师最头痛的事情之一。老师们往往将大量精力投入课堂管理,以致真正研究教学的时间都被挤占了。新教师对此体会更深,如果你课堂管理能力不足,有多大学问也没用,你连课堂的安静都得不到,严重的时候甚至视课堂为畏途,走到教室门口,如临大敌。课堂管理是教育教学的前提和保证,没有好的课堂管理,一切教育教学计划都会落空。

　　然而教师一般都没有学过课堂管理这门技术,据我所知师范院校也不开这门课。所以新教师走上教坛,只好"在战争中学习战争"。你去看吧,什么打法都有,败仗自然很多。

　　愚以为我国中小学课堂管理的最大问题是缺乏独立的专门知识。没奈何,校长和教师们只好把其他行业的管理理论和策略生硬地平移到课堂上来。五花八门,甚是混乱。比如教师常用行政管理的思路管理课堂,校长怎么管我,我就怎么管学生。还有的用公司管理的思路,把学生当打工仔来管。还有的用军队管理的思路,把学生当士兵来管。还有的用工厂管理的思路,把课堂当车间来管。总之,都是把未成年人当作成年人来管理，把课堂当成非课堂来管理。这当然会脱离实际，扭曲教育的宗旨，不但事倍功半，而且必然遭到学生的反抗。教师们动不动就喊"学生逆反"，这与错误的课堂管理大有关系。

有鉴于此，我给本书确定的任务首先就是搞清楚课堂到底是个什么东西，课堂管理与其他的成人管理有何差异，于此基础上，再谈课堂管理的三大任务（创建有安全感的课堂、有秩序的课堂、有效的课堂）和具体的管理策略。

本书共六章，前三章讨论课堂管理究竟"是什么"，后三章讨论"怎么办"，可以认为前三章侧重理论探讨，后三章侧重操作方法，实际上无论前面还是后面都希望能做到理论与实践相结合。

限于作者水平，讨论这样一个复杂困难的问题，定有失当和疏漏之处，欢迎读者批评指正。

王晓春
2010年4月27日

目　　录

第一章　课堂是什么 ……………………………………………… 1
第一节　课堂是教育教学与管理的交汇之处 ………………… 1
第二节　课堂是学习与生活的交汇之处 ……………………… 7
第三节　课堂在社会化与个性化的两难之中 ……………… 11
第四节　课堂对学习有利有弊 ……………………………… 16

第二章　课堂管理是什么 ……………………………………… 23
第一节　课堂管理是交流，而不只是外部控制 …………… 23
第二节　课堂管理是质的管理而不是量化管理 …………… 29
第三节　课堂管理应是柔性的，而不应是刚性的 ………… 34
第四节　课堂管理是为了学生的发展，
而不只是为了教育者的业绩 ………………………… 41

第三章　课堂管理的四个支柱理念 …………………………… 49
第一节　认清课堂的基本特点 ……………………………… 49

第二节 预防意识 ································ 54
第三节 大局意识 ································ 58
第四节 合理的期望值 ···························· 68

第四章 如何创建有安全感的课堂 ·················· 75
第一节 什么是给人安全感的课堂 ···················· 75
第二节 创造非胁迫性的课堂气氛 ···················· 81
第三节 不要用分数给学生加压 ······················ 88
第四节 对学生既要尊重，又要限制 ·················· 93
第五节 给人安全感的教室环境 ······················ 100

第五章 如何创造有秩序的课堂 ···················· 107
第一节 课堂规则的制定 ···························· 108
第二节 课堂规则的执行 ···························· 116
第三节 违反规则的惩罚 ···························· 124
第四节 使课堂安静下来的技巧 ······················ 131
第五节 课堂管理的语言技巧 ························ 141
第六节 课堂突发事件的处理 ························ 151
第七节 搅局行为的应对 ···························· 163

第六章 如何实现有效的课堂 ······················ 181
第一节 减少课堂时间的浪费 ························ 181
第二节 启动学生的思维 ···························· 188
第三节 增加提问的"含金量" ······················ 193
第四节 增加作业的"含金量" ······················ 216

第一章

课堂是什么

我们要研究课堂管理的科学或艺术,首先得搞清楚课堂是什么,课堂究竟有哪些基本特点,因为课堂管理的所有措施,都必须符合这些基本特点。我们许多教师在课堂管理上屡屡受挫,主要原因之一是没有搞清楚课堂的基本特点,以致他的管理措施违背了课堂的本性。

我认为课堂有以下几个基本特点:①课堂是教育教学与管理的交汇之处;②课堂是学习与生活的交汇之处;③课堂在社会化与个性化的两难之中;④课堂对学习有利有弊。

第一节 课堂是教育教学与管理的交汇之处

古代的教师,几乎没有什么管理的任务。翻遍《论语》,见不到孔子搞检查评比,他也不提"课堂纪律",因为那时并没有今日意义上的课堂。鲁迅是现代人,可是他小时候在三味书屋读书,也基本上没遇到什么管理。几个小孩一位老先生，没有班干部，不评三好生，学生还可以偷偷溜出课堂去花园玩。老师自己读书入了迷，等回过神来发现屋子空空，遂大叫一声："人都哪里去了！"各位学童赶快分批次回来，这就算是"管理"了。这样当老师真是很爽，单是没有催命般的、没完没了的检查评比竞赛，就让人羡慕死了。

因此，从历史的角度可以说，管理是教育者的一种额外负担，管理是对教育的冲击。

但管理却是今日教育者的基本功，这是没有办法的事情，因为有了班级，而且班级人数这么多。几十个小孩挤在一间屋子里，按计划完成某种任务，如果没有管理，那就成了猴山，后果太可怕了。可见，教育和管理是被迫成亲的，而且在可预见的将来无法离异。课堂就这样成了教育教学与管理的交汇之处。

其实教育教学与管理是两股劲。教育教学是慢功，管理是急活；教育教学本质上应该为学生的发展服务，而管理，本质上是要完成管理者的预定目标；教育是要启发学生主动成长，而管理一般都是自上而下施加压力。上级总是处于相对强势的地位（我国更有官本位的传统），所以管理介入教育之后，很快就后来居上了，今日之教育，普遍管理色彩要浓于教育色彩。老师每天穷于应对上级的检查评比竞赛之类，教育教学时间被严重侵占，有些老师连备课都无法深入，更不用说进修了。所以，适当淡化行政色彩和管理色彩，是有关领导应该研究的课题。

然而此事也不能全怪上级，确实也有不少教师缺乏管理能力。管理有管理的逻辑，缺乏管理能力的教师在学校很痛苦，即使有教学能力也发挥不出来，他得不到良好的教学环境。新教师走进校门，劈头遇到的问题往往是管理问题，师范学校并没有教他们这门学问，只好学老教师的样，自己摸索。当班主任最锻炼教师的管理能力，所以我主张新教师都至少要当几年班主任，否则教学会有困难。

教育教学与管理有相互矛盾的一面，也有相互支撑的一面。谁都明白，没有适当的管理，就不能提供安静的学习环境，同时大家也知道，教师如果讲课有艺术，能吸引学生，则管理就相对容易得多。最优秀的教师课堂上甚至不存在管理问题，他一开口，学生就都被吸引住了。好的管理有教育功能，好的教育教学也有管理功能。把管理与教育教学绝对对立起来的观点是不正确的；当然，把二者混为一谈也不行，那样几乎必然导致管理侵犯和压倒教育教学。

课堂是教育教学与管理的交汇之处，二者既矛盾又互相支撑，作为任课教师，我们应该怎样对待这个问题？

1. 把管理当作一门学问来研究

要提高管理的效率，必须学会管理的科学和艺术。这是一门学问，不是光靠卖力气或者使劲爱学生就能行的。管什么，不管什么，管到什么程度，谁来管，怎么个管法，都是需要认真研究的课题。有很多老师常发牢骚说"不敢管学生"。有人就指出："不敢管"后面可能隐藏着一个更严重的问题——"不会管"。人是容易欺骗自己的。所谓"不敢管"，其实潜台词是："只要你们给我创造'敢管'的条件，我就一定能管好。"这样，责任就都推给别人了，而自己的业务能力呢，则被自己拐弯抹角地、充分地肯定了，明显地属于"自我感觉良好"，把自己给骗了。他们应该问问自己："在同样'不敢管'的境遇下，为什么有些老师就可以把工作做得很好呢？"这才能促使自己进步。

2. 管理者必须有大局意识

课堂管理的要点是教师必须有大局意识，也就是说，他应该首先关注班里大多数人，关注课堂的整体情况，不要被个别学生的问题牵着鼻子走,不要忘记课堂的主要任务是教学。我们常常见到有些学生上课不注意听讲,但是并未影响他人,或者对他人影响较小,这时候管一管也是必要的,但应点到为止,速战速决,不可和学生较劲。估计某个学生难缠,宁可先不理他。我们经常见到有的老师为了不大的事情与学生发生冲突,情绪失控,没完没了,影响整个教学进程,这不值得,而且容易招致多数同学的不满,降低威信。很多老师只知道自己说话学生不听会降低威信,于是不惜一切代价地要把个别生压下去,他们不懂得教师和个别生纠缠起来置多数同学于不顾更会降低威信。相反,有时不与孩子一般见识倒能提高威信。当然,我说的不是过分迁就和无限制的退让。

3. 台上管理,台下教育

教育是慢功,个别教育不适合在全班场合进行。课上教训某个学生,让全班同学"陪绑",这不是聪明办法。比如某个学生迟到,教师批评他五分钟,这对于全班绝大多数从来不迟到的学生来说是浪费时间,而且不公平。这种情况下教师一般简单询问一下就可以了,也可连问都不问,先让他回座位听课,课下再询问不迟。教师非要当场问个究竟,分个是非,非要立马让迟到者提高觉悟,这本身就是糊涂。万一碰上个硬茬,顶撞起来,又是一场师生大战。这时候讲课要紧,全班要紧。我主张遇到类似情况(在课堂管理中类似情况占的比例还是比较大的),都尽可能不要当时解决。这就是我所谓的"台上管理,台下教育",把教育放在事后、放在课下进行。

4. 先管理,后教育

有些学生的行为震动全班,弄得课无法上下去,教师只好停下课来处理。但此时也要注意,一般不宜当场做更多的说教,教师的工作重点应该是暂时息事宁人，稳住局面，否则有可能陷进去。比如两个学生打起来了，教师只要把他们分开，让他们不再打下去就好，不宜当时开庭审案。经验证明，当时就想分清是非，不但会耽误教学时间，而且大家都在气头上，冷静不下来，结果会越闹越凶。管理，从某种意义上说就是暂时稳住局面，真正解决思想问题不能靠管理，要靠事后的对症下药。课堂上发生的许多事情，都可以依据"先管理，后教育"的原则来处理。也就是说，优秀教师上课的时候心里想的主要是教学，教育工作（尤其是个别生教育）一般不放在课堂上进行。

5．对管理的期望值不要太高

有些教师总是幻想先把学生管得服服帖帖，鸦雀无声，然后教师再从容教学，许多学校领导也这样要求，这是一种机械论、静态思维，把管理和教学割裂了。事实上管理和教学是同步进行的。教师教课不吸引学生，凭什么要求学生注意听讲？说句实话，如果你讲课枯燥无味，没什么水平，学生不捣乱就不错了，不能要求更高，否则就不近人情，也不符合儿童心理。我感觉目前比较普遍的现象是教师对管理的期望值太高，总打算"向管理要效益"。"向管理要效益"这个口号或许在企业是合理的，对于教育，不能这样机械理解。

比如说纪律吧。纪律是一种规范。凡属规范，都有封闭性，它是为人们的活动提供某种保证的，它不是活动本身。纪律没有灵魂，纪律本身不生产任何东西，纪律本身没有什么创造性。用工业来比喻，纪律不是动力；用农业来比喻，纪律不是水肥。纪律是保障，不是魔杖。成长绝不是奉命完成的。任何生命本身都有一种内在的成长冲动，不可遏制。认为人不逼就不会成长，不逼就不会思考，这是对人性的误解和曲解。人不学习就不能成长，但学习首先应该是主动的，而不是被迫的（不排除被迫的成分，但不应是主旋律）。为什么现在学生厌学率这样高？因为我们总是逼着他们学。为什么要"逼"？通常现成的标准答案是——因为学生不逼不学。其实不逼也完全能学，而且可以学得更好，只是我们没这本事而已。我们在引导学生自觉学习方面太外行了，本领太欠缺了，所以只能干自己最拿手的活计——逼迫。逼迫只能产生厌恶，厌恶之后会更不自觉，于是只好加大逼迫的力度，如此恶性循环，一直到崩溃。这不是我们周围常见的镜头吗？实际上我们是耍了一个花招，把自己给骗了。我们把自己的专业能力不高说成是"不这样不行"，这样就把责任推给学生了。

不要对管理期望过高，不要期望管理生产很多很多东西，不要迷信管理。千万不要以为学生的什么优点都是"管"出来的,那样想，在教育方面就太外行了。孔子有 72 个优秀生,哪个是"管"出来的?

6. 分配精力要讲战略

在战略上，教师应该逐步地、尽可能地减少分配在管理方面的精力，把主要精力放到教育教学方面来。这是一个努力方向。

我们衡量一个教师是否优秀，一个重要的标准是看他用在管理方面的精力占多大比例。教师投入管理方面的精力比例过大，证明他"只有招架之功，并无还手之力"，显然不是真正的优秀教师。说到底，教师本质上是个教育者，而不是管理者，他应该更像一个专业人员，而不是一个官儿。越是忙于管理，离教师的本色越远。校长和教师有这样的认识，才能提高管理的效率，少做无用功。

许多老师一谈到管理就讨招，似乎只要人家告诉他一些招数，他照着做，管理能力就提高了。有些校长也是这样，到外面参观访问，听说一个新的管理方法，拿回来就在自己学校用。这只是在强化自己鹦鹉学舌的坏习惯，不是真正的学习。提高管理能力，首先是在整体上要对管理有明晰的认识，只有零碎的技巧是不行的。就好像一个人下棋的总体水平低，即使偶尔学了几着妙棋，甚至因此赢个一盘两盘的，也改变不了他经常输棋的命运。

课堂上教育教学与管理的关系问题很复杂，需要不断的研究，以上只是我初步的想法，仅供老师们参考。

第二节　课堂是学习与生活的交汇之处

课堂是学习与生活的交汇之处。这一点在学生身上表现得特别鲜明。课堂这个环境，对于教师和对于学生，含义是有差别的。课堂对于教师，是一个工作的地方，教师走进课堂，满脑子都是完成教学任务，教师一般不会想在这里交友或游戏。课堂对于教师，反而是一个比较单纯的地方，一维的。学生不同，未成年人还没有工作的概念，他们也不必考虑谋生问题，所以课堂对于学生，就是一个生活的地方，过日子的地方。他们不但想在这里学习知识，而且要交朋友，要游戏，要打架，要了解他人、了解自我。课堂对于学生是多维的。

教师站在讲台上，满脑子都是自己的教学任务，当这种想法指向学生的时候，就会变成"应该"。既然你是上学来了，你脑子里想的就应该是学习，你想其他的事情就不对，就是错误，你做学生的，想法应该尽量向我靠拢，你应该配合我，完成我的教学任务（我是为你好）。这不很像"学生为教师服务"吗？是的，这种思路，很容易走向教师中心主义。事实上学生不可能都像教师一样，把完成本堂课的教学任务放在第一位。教师的首要问题，不一定是学生的首要问题。教师幻想学生和自己保持绝对的一致，把课堂变成师生一心一意共同完成教学任务、绝不分心的地方，这就抹杀了师生的差别，抹杀了成年人与未成年人的差别。他们以为课堂对教师意味着什么，对学生也应该意味着什么。这是一厢情愿，这是违反科学精神的，所以他们总是碰钉子。他们会发现学生们总是千方百计冲破教师限定的框框。孩子们老想在教室里游戏、交友、早恋、打手机、打闹、看课外书、赶时髦、讨论追星问题等。总之，你让他们目不斜视、心无旁骛，他们却偏要干与学习无关的事情。为什么？因为他们所理解的课堂，是一个过日子的地方，而不是像许多老师理解的那样，只是单纯学习的地方。

一个学生可能满心懊恼，他刚丢了200元钱，另一个学生的父母在闹离婚，使他痛苦不堪，还有一个学生一心想和同桌女生套近乎，无奈人家不理他，还有一个学生在盘算放学后怎样逃回家中，因为有几个高年级学生要向他"借"钱，放学时会在校门口堵他……你能要求一个孩子此时此刻大义凛然地置个人利益、个人情感于不顾，一心想着本堂课的教学任务吗？当然，你也可以"要求"，然而这不是要求不要求的问题，是他能不能做到的问题。我们必须实事求是。于是可知，一旦学生的表现不符合教师主观想象中的"应该"，教师就大为愤怒，其实大可不必。没什么可愤怒的，你的任务是承认现实，面对现实。

我听说过这样一件事。某教师搞公开课，听课教师众多。课上得正精彩时，一个学生突然不知何故晕倒了。讲课教师不为所动，让人把学生送往医院，继续上课。这种做法传递了一个什么信息？课比人重要。我想，如果这位教师把课停下来，和同学一起首先照顾这个晕倒的学生，那倒是更精彩的一堂生命教育课。耽误一点教学，以后是可以补上的，我们浪费的时间还少吗？

既要满足学生对生活的种种需要，又要防止其他活动干扰课堂教学的主要任务，这才是教师应该做的事情，而这显然是极难完成的任务。很多教师面对这种困难，不想也不会创造性地工作，他们采用了最省脑筋的方法，那就是禁止。除了学习之外的事情，我一概不许你干。删繁就简三秋树，最后变得光秃秃，学校生活变得极其枯燥。那些升学有望的孩子、胆小的孩子，为了自己的前程或害怕处罚，也就忍了，而那些升学无望或者胆大的学生就要反抗。于是你就会明白为什么现在学校的问题生男生远多于女生了，这与胆量有关。许多不敢反抗的女生，其实很羡慕男差生，甚至可能与他们暗中交往。

一定有人会说，学生中事情无穷，迁就学生，教学任务完不成怎么办？我想，当你和学生真有心灵的交流时，当学生发现教师真心实意地关心他们时，教师希望他们做的事情，他们会更上心地完成。这叫作人际交换。现在很多教师上课为什么如此困难？重要原因之一是，教师不管不顾，强行推进自己的教学任务，学生则学教师的样，也不管不顾，只管干自己的事情——有其师必有其徒。

教学，既不能任教师的性，也不能任学生的性，优秀教师的本领就是灵活地在师生二者心理需要的结合点附近游动，像鱼儿一样前行。可能教育家们所谓的"教育即生活"就包含这层意思吧？学生，天然是"开门办学"主义者。我当年带领学生参加过很多学农、学工、学军活动，每次学生都是欢欣鼓舞的。我想这既不证明学生觉悟高，也不证明学生觉悟低，是他们的学生身份决定了他们对学校、对课堂的理解与教师不同。当孩子们的整个学校生活都变成"任务"的时候，生活真是太无聊了。难怪孩子们会逆反。

美国学者卡罗尔·西蒙·温斯坦在其《中学课堂管理》（第二版）一书中指出，课堂有个重要特点："事件发生得快，难以预料。"我觉得这也是学习与生活交汇造成的。为什么课堂上事情发生得快而且难以预料呢？因为那里面装着一大群心智尚未成熟的孩子，挤在一起，而其中多数人在家里都是备受照顾、无人敢惹的"小皇帝"。可想而知，在这样的环境里，经常出状况其实是正常的，不出问题倒是很奇怪的。

这种客观现实要求做教师的人必须是聪明的人，机敏的人，应变能力强的人。反应迟缓、木讷的人，循规蹈矩的人，其实是不适合做教师的。可惜目前我们很多教师达不到这个标准，更可惜的是某些校长和教育行政部门还朝相反的方向引导，弄一些死板的规章制度、评比、检查，竭力把教师规范成严格按照一定程序工作的操作人员，这等于幻想"以不变应万变"，结果大家搞得焦头烂额。

你来看我们所谓的"公开课"、"研究课"、"样板课"。那些"名师"的课，多么流畅，多么完美，多么顺利，简直是"零缺点"！这是什么？这是"缺乏课堂特点的课堂"，是假课堂！这种课堂掩盖了课堂的真实场景，歪曲了课堂的真实面目，增加了广大教师的幻想，鼓励他们进一步脱离实际，只能使他们做更多的错事（不现实的、冒险主义的），碰更多的钉子，造成更多的心理问题，甚至走到崩溃的边缘。公开课应该是真实的，如果公开课上发生一些意想不到的问题，那不是不幸，而是正好提供了一个机会，让我们见见真实的课堂，让我们见识一下优秀教师是如何应变的。我们在日常课堂上经常遇到麻烦。既然这是常态，为什么在公开课上要掩盖它呢？这只能证明我们的某些行政领导和教研员把公开课看成"政绩展示"了，他们并不是真想帮助教师解决实际问题。

课堂是一个奇特的地方，复杂的地方，这里事件发生得快，难以预料，所以我们一定要把培养教师的应变能力作为专业技术培训的必备内容，同时，我们应该帮助教师制订很多预案，以备教师选用（这个我早就提倡过，但很少有人理睬）。有准备和无准备，那是相差很多的。你看看我们很多教师遇到突然事件时那种惊慌,那种震惊,那种愤怒,那种寒心,那种委屈,那种无奈和无助,你就会发现教师们对课堂"事件发生得快,难以预料"这个重要特点是多么缺乏认识。他们几乎完全没有面对现实的心态,他们被忽悠得每天生活在反科学的迷梦中,满脑子都是"应该如何如何",而不知问题的关键是"事实如何如何"。

教师要面对真实的课堂。真实的课堂不但是一个教学与管理交汇的地方,而且是一个学习与生活交汇的地方,对于学生尤其如此。其实,真正优秀的教师在课堂上也并不总是满脸写着"教学"二字,他们在课堂上也会显出生活的一面,显出性格的多个侧面,让学生看到一个活生生的成年人。经验告诉我们,学生喜欢这种教师。我常常听到教师宣传这样的观点:"在课下,我和学生可以是朋友,但是在课上,必须公事公办,必须严格要求。"这种观点也不是没有道理,但我觉得,把课上和课下如此生硬地割裂,那么学生面对的岂不是一个性格分裂的成年人?事实上,即使在课上,教师也完全可以和学生做朋友的,朋友之间也可以以严肃的态度谈论严肃的问题。我看《论语》,就没有发现孔子课上课下有多大区别。

第三节 课堂在社会化与个性化的两难之中

学校的基本任务是帮助学生实现社会化,学校是家庭与社会的中间环节、过渡阶段,或者说学校是准社会。孩子正是在学校中初步接受社会的规范(比如学校的纪律和规则即是初步的社会规范),学会基本的人际交往,掌握一定的知识,为将来走上社会打下基础。教育的任务就是帮助学生学会生存。课堂管理在这方面有非常重要的作用，可以说课堂管理就是学生未来必将生活在其中的工厂管理、公司管理、企事业单位管理、村镇管理、社区管理的预演。

这就决定了课堂管理绝不可能放任自流。学生如果想做什么就做什么，大家各行其是，则不但教学任务无法完成，而且根本违反了教育社会化的目标。社会化意味着很多人遵守共同的规则，否则社会无法正常运转。教育自古以来都强调"严格"，"教不严，师之惰"，不是偶然的，这其中包含着真理。谁都明白，家庭如果对孩子溺爱娇纵，把孩子惯得不成样子，他们走进学校这个"准社会"，会给班级、教师带来很大的麻烦，自己也备感挫折。同样道理，如果学校放纵学生，则他们未来走上社会同样会大碰钉子，因为公司老板显然不会像教师一样耐心细致。所以，课堂必须有一定程度的严肃性，教师在课堂上不能像溺爱孩子的家长那样行事。

但这只是事情的一个方面。俗话说，龙生九种，种种不同。世界上不会有两个完全相同的孩子，即使他们是双胞胎，也必有差别。所以，不管教育对学生有多么强烈的社会化期待，也无法把学生一个个都变成相同的机器零件。社会化不是铸模化，管理绝不是一刀切。课堂在促进学生社会化的同时，还有一个同样重要的任务——发展学生个性。

为什么非要发展学生个性呢？个性是客观存在。从消极方面说，只要你不发展它，你就可能压制它，而压制个性相当于与大自然为敌，必遭到学生的强烈抵抗。其抵抗有些是本能的，有些则是半自觉甚至自觉的。这就势必出状况，酿成事端。大量经验告诉我们，课堂突发事件多半与学生个性受到压抑有关。没有导流渠，洪水就要冲垮堤坝。所以，即使单纯为了维护课堂秩序，为了实现正常的教学计划，课堂管理也必须尊重和发展学生的个性。从积极方面说，个性是生命力的源泉。没有个性的人不可能有创造性，其成员缺乏个性的集体，则是灰色的，整齐划一，千人一面，没有生气。所以，课堂管理如果不能尊重和发展学生个性，其危害一点也不比低社会化要小。

可是对于教师来说，促使学生社会化与发展学生个性这两项任务，他们做前一件往往热情甚高，而且驾轻就熟，做后一件事则往往不大情愿，而且也不知道怎么做。这是可以理解的，自古以来的教育都是以教师为中心的，教师让学生怎么做学生就怎么做，大致就可以达到社会化的目标，而尊重和发展学生个性则是现代才有的概念，教师普遍并不熟悉。再说，培养个性的前提是了解个性，这要求教师有一定的心理学知识和鉴别能力，很多教师不具备这个条件。再说，一个个地分析学生个性是很麻烦的，远不如一刀切的管理省事，教师本来工作就繁重，普遍地不爱动脑筋，所以在课堂发展个性这件事上，多半停留在口头上。据我看，教师能对学生的个性比较宽容就不错了。而且尊重学生个性若过了头，就可能变成放纵，这个火候很难掌握。大家标准又不一致，比如学生上自习说小话，这究竟算是个性还是违反纪律，就不容易统一。

所以，课堂处在社会化与个性化的两难之中。

经验告诉我们，强调课堂的社会化任务而忽视个性化培养的教师，往往偏爱性格外向的孩子而不喜欢性格内向的孩子，因为内向性格的孩子在社会化过程中遇到的障碍较多。

按一般人的理解，所谓性格内向，是指拘谨、木讷、不善交往、沉默寡言，好静不好动，而外向是指活泼好动、爱说话、爱交往、爱表现，其实这种理解是很表面而且片面的。据我所知，内向和外向的主要区别是，内向者更多关注自己的内心，而外向者更多关注外部世界，内向外向说的是性格的总体倾向，并不光指外部表现。事实上有些很善于表达的人是内向者。比如喜剧大师卓别林，据说就是很内向的,其性格甚至有些忧郁。再比如台湾的青年魔术师刘谦,在舞台上那样活跃,其实也是个很内向的人。内向和外向本身并无高低优劣之分,内向与外向又常常交织在一个人身上。外向未必是优点,内向也未必是缺点。历史上很多伟人都属于内向性格。但很多教师对内向的学生有偏见,他们总是喜欢那些伶牙俐齿的、活泼开朗的、爱表现自己的学生,觉得内向的学生参加集体活动不积极,胆小不敢发言,公开课上不能给老师挣面子。甚至还有教师声称女生如果内向,对男生的发展不利。愚以为这是很不妥当的看法,而且非常有害。这是歧视,是不平等。这样想会伤害内向性格的学生。比如有些学生上课不爱发言,这可能只是人家的一种个性,教师却非要认定这是缺点,非要逼人家开口说不可。这势必给他们造成不必要的压力。外向的学生遇到压力对外发泄,内向的学生遇到压力却可能把矛头指向自我,所以自杀自残的学生内向者为多。这种歧视还可能压抑和埋没人才。鲁迅的性格并不外向,尤其不爱交往,他小时候显然不是老师的"眼前花",放在今日,就可能会受到歧视或忽视。据我多年的经验,有些性格非常外向的学生其实并没有什么大出息,他们把精力都用在外部表现上了,因此思想缺乏深度,他们把精力都用在表达和交往上了,几乎没有时间沉下心来思考什么。这种孩子长大了,就可能比较浅薄。所以,社会化只是一个基础的要求。社会化比较顺利的学生,不等于是未来的成功人士。教师培养学生的目标应该是使他既能基本上适应社会,又能保持自己的个性,这个分寸是很难掌握的,要求教师有相当的洞察力和专业技巧。

　　经验还告诉我们,强调社会化任务的教师在课堂上往往不尊重学生的隐私。这是可以理解的,因为课堂本来就是一个缺乏隐私的地方。课堂缺乏隐私,对学生有控制作用。比如绝大部分学生,你不把他真惹急了，一般不会在课堂上与教师发生冲突，因为在全班同学面前这么做，毕竟不是多么光彩的事情。所以学生的多数"出格"行为（比如打架、劫钱）发生在教室之外或校园之外。课堂缺乏隐私，有利于干涉，固然对管理有利，但教师对此必须保持清醒的头脑，千万不要把这个条件用过了头。教师同时还要记住，凡是缺乏隐私的地方，人们做事必然增加隐蔽性，隐蔽性是缺乏隐私的孪生兄弟，或者说隐蔽性是缺乏隐私的影子。所以，学生在课堂上偷偷传小条呀、发短信呀，说小话呀，看课外书呀，这都是很难完全避免的。教师处理这类事情，一定要适度，要在理解的基础上加以反对，而不是单纯的反对。经验告诉我们，"我理解你这种做法，但是不赞成你这么做"，这种态度反而容易收到较好的管理效果。

特别要指出的是，学生年龄越小，对有没有隐私权越不敏感，然而到了小学高年级，尤其是中学，进入青春期，学生对隐私权就会产生强烈的渴望，这种渴望甚至会达到病态的程度，以致有些学生可能会任意扩大隐私权的范围，神秘兮兮，自我封闭。这种情况其实是很危险的，有的孩子甚至会把家长、教师全蒙在鼓里去干错事、坏事。这时候教师的工作就非常困难，要极其耐心和机敏，要做很多妥协，以退为进，对症下药，才可能帮助孩子度过这个危险期。而在课堂上，就要竭力避免和这种学生发生正面冲突，经验证明这种冲突多半会使学生迅速下滑，甚至到难以收拾的地步。

课堂缺乏隐私这个特点对教师心理的影响也很值得注意。我曾经在一本心理学书上看到"教师是高度暴露性的职业"的说法。不错，教师的一举一动几乎都在学生的眼皮底下，没有多少隐私可言，教师是相当不自由的职业，欲"为人师表"，你不得不经常戴着面具生活，很难受的。我还记得一件趣事。几十年前，我刚走上讲坛，我们新来的几个教师都很年轻，满身学生气，可是在学生面前必须装作老成，搞得我们浑身不舒服。有一位男老师是个非常活泼的人，却被迫假装稳重。我估计他是实在撑不住了，于是在学生放学之后露出本相，"噌"的一下从一个水缸上面跳了过去，不想恰好被几个晚离校的学生看见了。这几个学生可能觉得"这太夸张了"，哈哈大笑起来，搞得我们这位"太阳底下最光荣的人"狼狈之极，赶快溜走了。教师缺乏隐私，课堂缺乏隐私，这对教师的性格影响很大。正面影响是使教师习惯于比较严格地要求自己，所以教师阶层是最模范的公民，他们的品德在各阶层中属于上乘，这在各国都是如此。可见监督之伟力。但是这种缺乏隐私的生活方式也有负面作用，最大的麻烦是引起心理问题，紧张，焦虑，压抑。很多调查都证明，教师的心理健康水平低于社会平均水平。还记得上世纪80年代，北京市教育局给教师每人发一个"蜡烛"徽章，说是能促进社会尊师重教。徽章发下来，我没见哪位老师戴过。我自己也领到一个，从未想到戴一戴，后来不知弄到哪里去了。这些领导也太不懂教师心理了。教师已经够暴露了，还要挂个标志，每时每刻让全民来监督吗？

总之，课堂是处在社会化与个性化的两难之中，学生如此，教师也如此。作为教育者，我们的任务就是结合具体情境寻求这二者之间的动态平衡。此事并无标准答案，要具体情境具体分析。

第四节　课堂对学习有利有弊

谈到课堂，人们自然首先想到它是个学习的地方，为了学习而专门设置的一种环境，但可能很少有人认真想过，对于学习，课堂究竟是不是一个良好的环境。如果仔细想一想，我们就会发现，事实上课堂未必是良好的学习环境，在课堂上学习，未必是一件美妙的事情。请看一位美国学者对课堂的看法：

从一个全新的视角来看，中学课堂是一个特别拥挤的地方。它不像是为学习而设计的地方，而更像是在地铁或公共汽车上。事实上，我们很难想象除了监狱，还有什么别的地方有大群的人那么长时间挤在一起。尽管如此，在这个拥挤的群体中，却经常不允许学生互相交流。正如菲利普·杰克逊（1968）谈到的：

学生们必须表现得孤单，而事实上他们不是……我们经常发现，低年级的学生面对面围桌而坐，老师又不允许他们相互交流。这些孩子要想成为好学生，就必须学会如何在人群中独处。

在这个奇特的地方还有一些矛盾。这里期待孩子们和谐地共同学习，然而他们却可能是陌路人——甚至是对手——也可能来自不同的文化背景。鼓励学生们合作、共同分享、互相帮助，但又告诉他们眼睛要盯着自己的作业，而且他们经常为了成绩和荣誉而竞争。他们受到有关独立性和责任感的训诫，却被期待着对教师的说教深信不疑，完全服从。教师要求学生认真仔细地完成作业，同时又提醒他们严格遵守 42 分钟或 84 分钟的课堂时间安排。

(摘自：卡罗尔·西蒙·温斯坦. 中学课堂管理 [M]. 第二版. 田庆轩，译. 上海：华东师范大学出版社，2006：1)

这些话令我有一种很深的感触：我们这些教师，真是"见怪不怪"了，我们已经"入芝兰之室，久而不闻其香"了，我们已经麻木了。其实细想起来，课堂是个非常怪异的地方，我们在课堂上给自己规定的任务和要求学生完成的任务，都是自相矛盾的、极难完成的，课堂教学和学习，真是难为教育者和被教育者双方了。

"这些孩子要想成为好学生，就必须学会如何在人群中独处。"这话很经典，一下子揭示了学生在课堂上尴尬的生存状态。你在人群中，却必须独处；你在交流的环境中，却必须独立思考。换句话说，你是在一个最不利于独立思考的环境中学习独立思考，你是在一个最需要独立的地方（学习在相当程度上是该"单干"的事情）学习群居。

能改变这种格局吗？不能。这就可见，既要集体环境，又要独立人格和独立思考，课堂学习就是这样矛盾的，鱼和熊掌要兼得。

课堂这种集体环境，从学习角度来看，有利有弊。它的好处是什么呢？

班集体如果有良好的学习气氛，会形成某种良性的"气场"，对每个学生都有推动作用。好的班集体平均分就会比较高，校风良好学生就普遍爱学习。本来中国的传统文化就鼓励趋同而不是求异，青少年又有明显的从众心理，所以，想学习的学生都希望课堂有良好的学习气氛。家长们拼命择校，这也是一个重要原因。当然，如果课堂气氛不好，厌学也会迅速传染。人的趋同心态是一把双刃剑，既可以从众学好，也可以从众学坏。再有，学生在课堂上不光学习知识，他们还要同时学习人际交往，养成团队合作的习惯，提高讨论和辩论的本领等，在这些方面，课堂显然能提供更好的学习条件，这些东西一个人自学是学不到的。当然，课堂最有利的地方是，它能够"批量生产"人才，社会成本比较低。至少在可预见的将来，哪个国家也无法取消班级授课制。教育若改成完全一对一的形式，社会成本就太高了，教育就无法普及了。按我国现在的人口状况和普及教育政策，除了采用班级授课制以外，没有更好的办法。

然而课堂对学习的害处也是很明显的。凡是集体活动都需要管理，集体人数越多，班额越大，管理任务越重。儿童和少年又是特别难以管理的群体，急不得恼不得，打不得骂不得，说服未必管事，法律又用不上，结果教师和学生都不得不在管理和被管理方面浪费大量精力，实际课堂上真正用在学习方面的精力往往大打折扣。课堂教学效率低几乎是注定的，这又提高了学习的社会成本。学生水平参差不齐，教师讲课只好取"平均值"，结果是尖子生吃不饱，学困生还没听明白，众口难调。课堂教学这种形式，实际上只对中间类型的学生比较合适，要因材施教非常困难。最大的问题是，既然管理，就必须有相对统一的标准，这就难免"一刀切"的毛病。在一刀切的管理中，个性强的学生往往是"挨刀"的，枪打出头鸟，然而个性与创造性是分不开的，压抑了个性，就不可避免地会压抑创造性。所以，严格的管理虽然能提高平均分，却难以出尖子生，反过来，课堂较乱，平均分难免下降，但个别学生却可能格外出色。后面还要谈到这一点。不考虑学生的独立性，把它们当作同一型号的螺丝钉来加工肯定不行，因为那样培养出来的将是毫无创造性的"零件"，根本违背了现代公民教育的精神，而且学生会顽强地抵抗，于是教育就会变成一场师生之间的无休止的"战争"。

　　鱼与熊掌要兼得，这几乎是一个无法完成的任务，可是教育者必须朝这个方向努力，你别无选择。

　　没奈何，教育者就（自觉或不自觉地）想出了如下几种对策：

　　（1）重点强调集体秩序，以保证学生独立学习的环境，至于学生个人是否能独立学习，那就看他自己的"定力"了。

　　目前我国中小学基本上采用的是这个策略。这有客观原因，我们的班额太大，一般都是40人左右，我在河北等地听说过百人以上的班级，简直匪夷所思。班额这么大，光维持基本的纪律就几乎耗尽了教师的全部精力，他也就无暇顾及其他了。这是外部的行为管理思路。

　　（2）重点培养个人独立性、个人"定力"，靠每个成员的自觉来形成良好的集体环境。

这是想从一个个学生的思想"内部"入手解决群居和独处的矛盾。这个思路应该是可以有所作为的，但是对教师的素质要求甚高，而且很费精力，一般都做不到，要做也只是一般的说教，停留在口头上而已。

上述两种办法是两个极端。下面的办法属于折中调和。

（3）集体环境和个人独立交替进行。

教师讲课，要求学生作为相对孤立的个人，直接与教师发生纵向联系，而在需要讨论的时候，则要求学生与学生发生横向联系，以满足学生群体活动的需要。这种办法为很多教师所采用，颇有效果。

（4）找到集体心态与独处心态的"中点"。

这不是折中调和，而是一种有机的"融合"，你中有我，我中有你。就是说，即使在集体活动的时候，也搞得比较宽松，不使学生丧失独立性，而在学生独立学习的时候，也能不忘记自己是集体中的一员。换句话说，这种集体环境是"独立个人的联合体"。这当然是最理想的课堂生存状态，但是要做到这一点，实在太难了。我们只好把这样的课堂看成一个"必要的乌托邦"。

什么是宽松的学习环境呢？我的理解是：

◆教师、家长对孩子的学习成绩不提硬指标，或者至少其要求比较实事求是。学生的应试压力、排名次压力不大。

◆师生都不迷信标准答案。

◆允许学生质疑教师的意见。

◆学习方法不搞一刀切，尽量因人而异，或者至少分类指导。

◆课堂纪律相对不那么严格。

◆学生自由支配的时间较多。

这种氛围对尖子生最有利，但是如果弄不好，平均分可能下降。

我在《参考消息》(2008－10－29)上看到，据英国专家研究，英国学生近些年平均分数上升，而尖子生的智力却下降到了上世纪70年代的水平。所以，教学要尽量兼顾二者，要找到培养尖子生和提高平均分的平衡点。

我国的国情是，教师往往片面强调课堂对学习的好处，忽视其弊端，甚至有意无意地把课堂看成是学习的唯一场所。比如某小学，要落实小学阶段"课外"阅读总量达到140万字的目标，就每周开设一节阅读课（请注意,这就把"课外"偷换成"课内"了）。他们"细化"这项任务：低段以童话、绘本为主，目的是培养学生的阅读兴趣；中段读背古诗，读《夏洛的网》、《爱的教育》等经典读物，开始指导学生进行积累；高段读《三国》、《海底两万里》等名著，开设《走进唐诗宋词》课程。

课外阅读本来是很好的事情，但是照这样安排，"课外"就变成"课内"了。课外阅读如此"细化"，如此"过分干预"，分明是又开了一门新课。都挪到课内，实际上是否定了课外阅读。其结果就是，学生离开学校，就真的不读书了，根本没养成在学校外自主阅读的习惯，学校也没往这个方向引导。其实课外阅读指导完全不是这么回事。那只是推荐、鼓励、点拨、交流，至于读不读，读什么书，应该是学生自己的事情。教师好像没有课外阅读的意识，也没有这种指导能力。教师眼中只有课堂，除了课堂没有别的学习之处，除了集体学习没有别的学习方法。这恐怕是一种职业病，是自我中心造成的。

课堂是一个奇特的、充满矛盾的地方，认识这一点非常重要。认识了这一点，教师就不会迷信课堂了，教师对课堂的期望值也就合理了。于是教师面对课堂的种种问题，心态也就会比较平和，教师对学生的要求，也将更加人性化和实事求是，教师遇到各种各样的问题，也就不会那么一根筋地与学生较劲了，他会动脑筋研究。方法的僵硬来源于思维的简单化，只有承认了课堂环境的复杂性，才能真正理解课堂教学。

第二章

课堂管理是什么

上一章说的是课堂的特点，它与其他集体环境有何区别。这一章则更进一步，讨论课堂管理与其他群体或单位的管理之区别。这种区别主要来源于课堂的两个特点：一，在这里活动的都是未成年人；二，他们的活动是在教师指导下实现成长。本章举例比较了课堂管理与公共交通管理、工厂管理、公司管理和军队管理的差别，以说明课堂管理是一种很特殊的管理，需要独立探索，不可盲目照搬其他行业的管理模式。

第一节　课堂管理是交流，而不只是外部控制

一谈到课堂管理，人们几乎条件反射一样就会想起一句成语"没有规矩，不成方圆"，这话已经成了管理方面的陈词滥调。当然，这话也有道理，但是很少有人追问一下，课堂管理的目的难道就是"成其方圆"吗？

我们把课堂管理与公共交通管理比较一下，问题就清楚了。交通管理的任务肯定是"按照规矩，形成方圆"。制定各种各样的条文、规则，机动车怎么走，自行车怎么走，行人怎么走，都搞得清清楚楚，谁不照办就罚谁。最后大家都守"规矩"了，就成"方圆"了，交通秩序良好，交通管理的任务就完成了。至于这些开汽车的、坐公共汽车和地铁的、骑自行车的、步行的各色人等，他们究竟要去干什么，为什么而努力，追求什么人生目标，交通管理部门是完全不过问的，这不是他们的任务。交通管理部门的全部工作只是提供一个有秩序的平台，让人们可以顺利地跑来跑去。

课堂管理与此有本质的区别。课堂管理绝不是只提供一个学习的平台，课堂管理不但关心学习秩序，而且关心学习气氛和学习效果。课堂管理不只是一个支持系统，而且是一个激励系统、指导系统。交通管理体系不关注也没有办法关注走在路上的每个人的发展问题，然而这却是课堂管理的首要任务。如果说交通管理的核心是秩序，那么课堂管理的核心则是交流和发展，秩序只是为交流发展服务的第二位的东西，秩序要为发展服务。

这就可见，交通管理是外部的、浅层次的，课堂管理则是内外兼顾的、深层次的。"没有规矩，不成方圆"用来概括交通管理很合适，用来概括课堂管理就不但不准确、不全面，而且实际上是浅薄的，因为这种说法没有抓住课堂管理的实质。

由此可以推论，从某种意义上说，课堂管理，与其搞全面的法治，不如以"人治"为主。课堂管理需要更多的人情味、灵活性和个人色彩。可以想象，课堂规则如果真的变得像落实交通规则那样，师生之间、生生之间的关系也就真的"形同路人"了。这绝对不是教育努力的方向。

既然课堂管理有较多的灵活性和个人色彩，那么由此又可以推断，在课堂管理中，制定一些课堂常规往往不能解决问题，而站在讲台上的教师的个人魅力及才干，往往成为比条条框框更重要的东西。可以说这是课堂管理的第一个也是最重要的支点。事实也确实是这样，同样一个班级，一个老师去上课，课堂气氛就很好，换一位老师，课堂就乱了。课堂常规更改了吗？没有。究其原因，很重要的一点是因为这两位老师的个人魅力和才干有较大差别。这也就说明了为什么有些教师学了人家的先进经验自己用了不管事。你的魅力和才干可能与人家不同。请注意，课堂管理不是一般的管理，不是什么人弄点规矩，都可以在这里"成方圆"的。

在这里，请允许我讲一个表面上与课堂管理无关的故事。

一天，我带着我的小狗在小区散步，路过幼儿园。这天星期五，又正是放学的时候，幼儿园大门口很热闹。但见孩子们穿得整整齐齐、花花绿绿，跳跳蹦蹦，每人都由一位家长（显然爷爷奶奶、姥姥姥爷是主力）领着，往大门外走。家长们都背着一个白色的包袱，那是一周换下来的脏衣服。

有一个爷爷领着一个小男孩从我身边经过。

小男孩（指着我的小狗）：爷爷爷爷，你看！

这位爷爷无动于衷，继续往前走。

小男孩：爷爷，咱们也要一只小狗，好不好？

爷爷：不好。

小男孩：为什么？

爷爷：因为我不喜欢。

小男孩：你怎么什么都不喜欢呀？那你喜欢什么？

爷爷：我就喜欢你。

小男孩（生气）：你甭喜欢我！你得喜欢小狗，我才让你喜欢我。

爷爷不理，对话告一段落。

望着爷俩远去的背影，我心里想，难怪孔圣人说"三人行必有我师"，这爷俩都够给我当老师的条件。尤其这个小屁孩，他说出了一条重要的教育规律：你如果想让孩子喜欢你，光傻呵呵地爱他们是不行的，你还要注意走进他们的世界，爱他们之所爱，至少也要关注他们之所爱，和他们取得共同语言，否则他们对你的爱就很可能不领情。

这位爷爷一片爱心，可是看起来不怎么懂教育。他的爱是单向的，缺乏与孩子的互动和交流。可以想象，这个孩子越长大就可能和他越疏远，让他寒心和愤怒的日子正从远方渐渐朝他走来。

教师也是如此。我们听到无数教师在那里大声宣告自己如何如何爱学生，可是他们对学生感兴趣的事情却非常冷淡，甚至予以斥责。学生爱唱流行歌曲、爱追星、爱发短信、爱搞生日聚会、爱玩电子游戏、爱和异性同学套近乎……教师只要一发现，就兜头泼去一盆冷水。他们一心想的都是维护他们心目中的"规矩"。这种态度和做法，与那位不懂教育的爷爷有何区别？没什么区别。所以学生也就像那个小男孩一样，对教师的爱毫不领情了：你甭爱我。他们不但不爱老师，而且往往不爱老师最希望他们热爱的事情——学习。所以教师也常常像无私奉献而得不到回报的家长一样，感慨万分，寒心万分，委屈万分。其实学生的态度是合乎逻辑的——既然我喜欢的东西你一概不喜欢，我为什么非要喜欢你让我喜欢的东西呢？

谁违反教育规律，谁就要受到生活的惩罚。

这就可见，一个明智的家长或教师，不应该轻易给孩子的爱好泼冷水，而要和他们对话，适当满足，适当限制，因势利导，曲折前进。请注意，我的意思绝不是无条件支持孩子的一切愿望，同时，家长和教师也不要幻想孩子无条件地照你的心愿行事。这才是真实的生活。

古人有云：爱屋及乌。如果你真的爱一个人，那么按道理，他感兴趣的事情你起码会给予关注。如果你对人家的爱好完全不理不睬，一心只关心自己感兴趣的东西（比如孩子的考试分数），那究其实，你到底是爱孩子还是爱你自己的期望值或工作业绩，就值得研究了。

课堂管理的道理也是这样。你要首先考虑如何与学生交流，其次才是维护"规矩"的尊严，要知道，很多时候机械地维护"规矩"是对交流不利的，这时候教师就一定要灵活一些（我并不是说要放弃原则）。

比如教师讲课学生插嘴（接话茬）的问题，从单纯控制的角度看，学生插嘴应该一律禁止，然而若从交流的角度看，就不能这样死板了，应该区别对待。

第一要看插嘴的内容。如果学生插嘴的内容都与教师讲课的内容有关，不离题，这说明学生听讲很投入，是好事情。如果学生插嘴的内容与教师讲课的内容没有关系，节外生枝，耍贫嘴，那是要批评的。

第二要看插嘴的目的。学生上课插嘴，有的属于紧跟教师的思路，甚至有点超前，他把教师想说的话提前说出来了。这是很宝贵的学习热情和思维品质，虽然有时候会影响其他同学思考，但也只能引导，绝不可以打击。有的插嘴属于思路过分活跃，联想特别丰富而迅速，顺着教师思路的某一点飞出去了，离题了。这就有点害处了。但是这对于聪明的学生是难免的，我们不能要求学生的思维永远按教师需要的方向发散。这时候教师要比学生更聪明，巧妙地把他的思路导向教学方向，而又不打击他的思维积极性。有的学生插嘴另有目的，比如表现自我，逞能，甚至有意跟老师捣乱（搅局）等等，他们的表现有明显的哗众取宠色彩，这是需要批评和帮助的。批评最好在课下进行，但如果学生在课堂上过于张扬，近乎挑衅，也可以给他几句，让他难堪一下，有所收敛。第五章第七节还要专门谈这个问题。

第三要看教师的个性和能力。教师的个性如果比较外向，比较活跃，应变能力强，语言表达能力强，辩论能力强，可以放开让学生插嘴。对于这种教师，学生插嘴不但不是麻烦，反而是一种教育资源，没有学生插嘴，他反倒会郁闷的。如果教师内向，应变能力较差，嘴皮子功夫不硬，那为了维持课堂纪律，为了保持教学思路的完整性，只好对学生插嘴进行较为严格的限制。可以对学生这样说："我知道很多同学接老师话茬是学习积极性的表现，但是一个老师有一个老师的讲课风格。我对你们接话茬不适应，拜托你们在我的课上忍一忍。你们只要注意听就行了。想说话的，等我提问的时候，再显身手不迟。"

总之，课堂管理，控制不是目的，有效交流才是目的，教师一定不要忘记这个宗旨。

网上有一位老师问：为何临近毕业的孩子最难管？他说一些小学生越临近毕业越难以管理。打架斗殴、破坏公物的现象愈演愈烈，班级几乎失控。初三毕业生在近毕业时更是无法无天，离校那一天课桌椅每年都是损毁一半，玻璃几乎全部砸烂，学生走了，教室和学校却狼藉一片……

这种景象，几十年前我就领教过，教室如同被洗劫，厕所扔满撕成碎片的课本作业本……整个毕业班笼罩着一种"不过了"的气氛。无须多少智慧就能看出，这是一种仇恨的发泄，这在某种程度上可以说是给几年教育做的"总结"。

如果学校总是靠单纯管理、靠高压、靠不断地制造升学就业的紧张气氛来维持教学运转，那么到了某个临界点，学生就会爆炸。平日敢怒不敢言，现在我要走了，明天我就不归你管了，我就要出这口气。你给我造成了三年的心理破坏，我破坏几天，还不行吗？

据我了解，有些学生（特别是升学无望或者多年经常受批评的学生）就是这样想的，而你会发现，好学生往往也对他们的做法予以同情，因为好学生受的心理压力也很大，别人替他们发泄，他们也有一种莫名的轻松感。

按人之常情，学生临毕业应该对学校有所留恋，这种学生为何违反常理？很简单，因为该学校的日常教育违反了常理，把学生压得太过分了。可以说，正是神经质的教师，造就了如此神经质的学生。

所以，课堂管理切忌目光短浅的"严字当头"。如果学生带着怨恨离开学校，则不管平日的课堂秩序表面看来如何良好，实际上都只是外部控制，那里没有师生之间的良性交流，这种课堂不能算成功的课堂。

第二节 课堂管理是质的管理而不是量化管理

量化管理的提法在教育界也很流行，有的还发展成"精细化管理"的口号，一些人也就幻想用这种方式管理课堂。愚以为这很不恰当。课堂管理，从本质上说，应该是质的管理，而非量化管理。

什么样的机构或组织适用量化管理的模式？如果一个机构或者组织要完成的任务具备能拆解、能重新组装，每部分都可以数字化的条件，则采用量化管理的模式是比较好的。

可以举工厂管理为例说明这个问题。工厂的生产任务是可以拆解和组装的。比如汽车厂，一辆汽车可以拆分成很多个零件，这些零件分别在不同的车间和班组生产加工，最后可以组装起来，成为一辆汽车。整体可以分成部分，部分相加即成为整体。更重要的是，每个零件都可以量化成各种参数，如长宽高、精度、光洁度等。这样，量化管理就非常方便，甚至可以说，对这些数字进行有效管理，也就是对整个生产流程进行了有效管理。

　　课堂则完全不是这么回事。首先，课堂要完成的任务难以拆分。我们当然也可以把课堂情况分成课堂气氛、学生注意力集中程度、知识掌握程度、破坏纪律现象多少等方面，但这与其说是对课堂任务的拆分，不如说是对课堂不同角度的观察。课堂是一种拆不开的东西，课堂要完成的任务是学生的发展，而学生不是死的机器零件，学生时刻都在变化，把四十几个学生的表现机械相加，绝不等于课堂的本质。最重要的是，课堂气氛、学生注意力集中程度、知识掌握程度、破坏纪律现象多少，所有这些东西，都无法真正数字化，无法量化。你能说某某班课堂气氛是65.5，另一个班是72.8吗？你是怎么算出来的？你最多能把课堂情况分成几个等级，分完了也没有多大用处。比如第一个班课堂气氛中等，第二个班课堂气氛良等，然而第一个班的学习成绩却可能比第二个班总体要好。怎么解释？某个班级破坏课堂纪律的现象较多，但是这个班却有一个尖子生成绩超出平行班，你又怎么解释？所有这些东西只能大致上做一个质的评价，还不敢保证准确，至于量化，那就更说明不了问题了。

　　我在网上见到一个课堂管理评价方案。下面摘录几条，做个评论：

　　◆上课问好口号，要有鼓励性、煽动性，能起到激发学生情趣的作用，并不断更新。（3分）

　　评：煽动性的语言主要诉诸情感而不是理智，而课堂最需要的是理智的思考，所以这个要求适用于演唱会，而不是以智育为主的课堂。再说语言有没有煽动性也很难界定，无法量化。

　　◆教师应微笑授课。（2分）

　　评：文科遇到严肃甚至悲伤的课文怎么办？理科需要聚精会神进行逻辑推理的时候，恐怕也难以微笑，否则会很吓人的。

◆ 要保证学生的活动量：35 分钟以上（优），25 分钟以上（良），25 分钟以下（一般）。（5 分）

评：这种规定没有道理。学生活动量多少，要看教材内容，有些课教师就得多讲一些。再说学生活动不活动，也不能单看外表，重要的是学生的大脑是否在思考。这一条标准是典型的形式主义。

◆ 个体展示：语言流畅，洪亮，无语病，声情并茂，动人。（5 分）

评：为了做到这一点，教师只好挑选班里最能说会道的学生发言，其他学生最好别发言，不能给他们发言机会，否则他们的表现稍差一点，就扣分了。这条规定明显带有表演导向的性质，不是以育人为本，而是以创造教师的"业绩"为本。

◆ 每节课要有总结、测评。（5 分）

评：每节课都有测评的要求是不合理的，常常是不必要的，也是教师做不到的。

◆ 教学内容控制。（8 分）

　A. 目标明确，重视对学生的学习能力及品质的培养。
　B. 寻求方法，发现规律，总结特征，概括重点。
　C. 学生对文本的理解要深刻，要有自己的认识、观点。
　D. 注意拓展，举一反三，深化提升，形成自己的人生观、价值观。

评：这些要求，都带有一定的空想性质，想在某一节课上做到是很困难的。比如举一反三，显然不是每节课都能做到的，更不是每个学生都能做到的。至于想在一堂课上"形成人生观、价值观"，更属梦话。看得出方案的制订者是把教学甚至教育的战略目标与一堂课的战术目标混淆了，竟然想在一堂课上看出战略目标的完成。恕我直言，要写出这样的条文，没有对教育相当程度的无知，是做不到的。

◆ 强化参与意识。让每一个学生都尝试到参与和被赞赏的快乐。让学生主动学习，真正成为学习的主人。（10分）

评：在一堂课上，做到每个学生都参与，不大可能，至于每个学生都能得到"被赞赏的快乐"则是根本不可能的。方案的作者是在谈论自己的美好愿望，而不是在切实提要求。

可以看出，如果哪位教师真想认真落实如此的课堂管理方案，他根本就没法上课了，不知道该怎么上课了。幸亏广大教师心中有数，知道这些无非是虚晃一枪，检查的时候敷衍一下也就过去了，课你该怎么上还怎么上就是了，否则真的会带来很大的混乱。

为什么很多学校领导对这类量化管理很热衷呢？他们搞量化是为了评比，评比是为了给教师加压。而且这种量化管理是最省脑筋的，像阅卷判死题一样，打分就是了。所以我敢说，越是低素质的校长，越喜欢量化的课堂管理。他们会本能地讨厌质的管理，因为质的管理是一种综合管理、动态管理、灵活管理，质的管理要求管理者从整体看问题，从长远看问题，透过现象看本质，具体问题具体分析，对管理者的素质提出了更高的要求。

我们来看一个例子。

爱在其中（K12教育教学论坛，2008-03-10）

王老师：

您好！又要麻烦您了！今天我上语文课，讲到"江山代有才人出，各领风骚数百年"中的"风骚"一词时，坐在前面的一个男生对同桌的女生说（声音不小）："发骚！"引得周围同学笑起来。我让他站起来，问他："你来解释一下发骚是什么意思？"他赶忙说："老师，对不起！我错了！"我就再没多说什么，让他坐下了。

　　我的语文课纪律一向很好，孩子们比较喜欢上语文课，我和学生们的关系处得也很和谐愉悦。这个孩子平时也很遵守课堂纪律，我看出他不是成心捣乱，或许只是随口而出罢了。但课后我想：如果这个孩子不是马上承认自己的错误，我该如何批评教育他呢？假如是王老师，会怎么处理这种情况呢？

　　我的同事告诉我，她在教毛泽东的《沁园春·雪》那首词讲到"稍逊风骚"时，有学生就在下面说"骚情"而且哄笑，她装作没听见，继续讲课。还有一次，我讲到一篇文章里的作者吃西瓜，立马就有学生接嘴说"猪八戒吃西瓜"，引得听见的人都笑起来。我想听听王老师的看法。

王晓春答

　　这种节外生枝的现象是每一个老师都会遇到的。

　　从接话茬的目的看，有的是脱口而出，有的是淘气，有的是卖弄小聪明，有的是智慧外泄（思路快，有幽默感，忍不住），有的则是成心捣乱。

　　从接话茬的内容上看，有的严肃，有的平常，但多数是逗乐的。逗乐又分几种，有的幽默，有的诙谐，有的油滑，有的下流。

　　无论何种情况，教师首先要注意的是班级同学的整体反应，而不是接话茬者本人。这个关注点非常重要，不要弄反了，而一般老师都容易弄反。

　　一般说来，只要接话茬不具有明显的挑衅性，教师就不必接招，最好沉默，眼光先扫视全班，待全班安静下来，再盯住他本人。他有所收敛，就继续讲课，不和他纠缠，否则会影响教学，而且可能中计。下课再跟他理论不迟。这种人一失去市场，锐气至少减半。

如果接话茬有明显的挑衅性，那就要看教师的语言能力了。如果教师语言能力强，可以给他两句，让他当场出丑，弄巧成拙，而又无法恼羞成怒。教师如果没有这种能力，还是先不理他，继续讲课为好。

以我的经验，应变能力强的老师是不怕学生接话茬的，甚至还欢迎，因为其中往往有智慧因素，而且可以活跃课堂气氛；应变能力差一点的老师对此事就比较头疼，这种教师最好事先告诉学生，我的课堂风格是希望各位不要插嘴。多数学生会尊重老师的。然后再对付那少数人，而且要注意区别对待。

爱在其中老师参考。

2008. 3. 11

可以看出，这类问题根本无法"量化管理"。想把这些事情都量化成分数是非常可笑的，再说即使量化了也没有用处。所以，我的对策是进行质的分析，然后区别对待，这就是所谓"质的管理"。

第三节 课堂管理应是柔性的，而不应是刚性的

刚性管理有两个特点：第一个特点是统一意志，全体成员齐心合力，为了一个很具体的共同目标而奋斗。第二个特点是这种管理非常强调严格，没有商量的余地，一切行动听指挥。

这种管理最典型的例子是军队。军队不但战略目标必须一致，具体到某一个战役，某一场具体的战斗，也必须统一意志。执行这种管理的时候，管理者关注的重点不是个人，不是个性，而是上级

指示和集体的目标。个人必须服从集体,因为战争不是个人行为,战斗的目的不是发展个人,而是整体取得胜利。战斗中可能有些人牺牲了,但是只要最后取得集体的胜利,作为管理者和指挥者,就是成功。如果把战争比作一架机器,那么在战斗中一个个士兵势必变成齿轮和螺丝钉,他只能执行上级命令,不能自行其是,甚至不能有个人想法。交火之前大家可以讨论,可以发扬民主,然而战斗一旦打响,你就必须绝对服从命令,否则根本不可能形成统一力量,无法战胜敌人。所以,军队必须搞刚性管理,这是这种特殊组织和它的特殊任务的本质决定的。

军队的管理确实很有魅力。当整齐的队伍迈着极其整齐的步伐意气风发地从眼前走过的时候,那种阳刚之气震人心魄。这是把机器人的整齐划一和人类的主观能动性结合起来了。于是有些教育者大受感动,就提出了学校的"军事化管理"或"准军事化管理"的口号,有的教师甚至想把课堂也管成班排那样,学生一个个像兵马俑一样肃立听讲,教师则像长官训话一样讲课。说来这像笑话,可是有不少教师真的就有这种管理倾向,他们错就错在忘记了学校与军队本质上不同,孩子与成年人本质上也不同。学校的管理,课堂的管理,只能是柔性的,而绝不能搞成军队那样的刚性管理。

我们来看看学校与军队的不同之处。军队的任务本身就是刚性的,明确而具体的,而学校完全不同,学校的任务只是一个大方向——促进学生德智体全面发展。这个大目标落实到每一个学生身上,会出现无穷的梯度和色调,也就是说,学校其实并没有统一的和具体的目标,教育教学不是打仗。教育必须因材施教,每个学生应该有各自的具体发展方向和目标,你无法在学校里和课堂上规定一个大家都必须为之奋斗的目标。有些校长和教师给学生制定考试分数指标,就是幻想指挥学生像士兵占领某个高地一样冲上去,共同完成一个统一的任务。这样教师就变成指挥官了，他不是琢磨怎样让每个学生沿着自己个性的轨迹进步，而是把学生变成实现教师战略部署的工具，这就从根本上扭曲了教育的本质。学习是脑力劳动，需要独立思考，需要适当分散，而不是军队作战那样的集团冲锋。再说，学生是未成年人，军人是成年人，用管理成年人的办法管理未成年人，当然不行，更不用说军人是从成年人中挑选出来的特殊的群体，而学校的学生因为义务教育法的缘故，什么样的孩子都有。可见军队与学校的管理对象有本质的不同。比如军队里有军法处，士兵犯了错军官可以名正言顺地关士兵的禁闭。学校行吗？你老师说话难听一点，家长都会有意见，要是有体罚，家长就可能诉诸媒体甚至法律。教师没有军官的威权，学生则是家长的心肝宝贝，国家还有未成年人保护法，在如此社会氛围下，教师竟然幻想用军法把学生管得像笔管条直的士兵，其荒谬程度由此可知。只有基本上不懂教育的人，才会出此下策。按这种思路管理课堂的教师一般都会以失败而告终，勉强搞得像那么回事，也必定是暂时的，而且对学生的真实发展有害。

有人一定会问：那你对学生军训怎么看？愚以为，学校搞军训，恰好证明其日常管理不能与军队相同，如平日也像军队，学生压根就成了军人，无日不在军训，也就不需要搞什么军训了。现在的军训，只是学校教育的一种补充，是一种体验式的教育，和当年学工学农意思差不多，学生借此了解社会，增加社会经验，增强纪律性、培养意志力。而且据我所知，军训时教官对学生的要求也和正式军人有很大差别。学校就是学校，学生就是学生，孩子就是孩子。学校的管理，课堂的管理，必须是柔性的、弹性的，比较宽松，讲究妥协，而绝不能像军队那样硬邦邦的。这是显而易见的道理。

有一所课改以来很出名的中学，提出了这样的口号："领导是有情的,管理是无情的,制度是绝情的",据说这还是他们学校管理的"精髓",这显然是错误的口号,无论用在日常管理还是课堂管理上,都是有害的。有一位优秀班主任丁老师,讲过这么一个故事。一个一贯表现优秀的学生（中学生）找到丁老师,犹犹豫豫地说他想请假不参加下午的学雷锋活动。丁老师问他去干什么,他说:"去看电影。我太想看这个电影了！"丁老师说:"学雷锋是一辈子的事情。我准你的假,但是你不要告诉其他同学。"这个学生高高兴兴地走了。十几年后,这个学生已经工作了。同学聚会的时候,他对丁老师说:"我一辈子也忘不了您批准我去看电影这件事。谢谢您的理解！"这位丁老师显然违反了"管理无情,制度绝情"的原则,但是我觉得丁老师的管理反而是真正符合教育规律的管理,柔性的管理,面对活人、面对未成年人的管理。这才是教育者的形象,而在校园提出"管理无情,制度绝情"口号的人,怎么看怎么不像教育者,而像官员或者像长官了。据说这个学校还是素质教育的典型。提出这样的口号,我实在难以想象他们搞的是什么类型的"素质教育"。

我们再看两个例子。

困惑（王晓春教育教学随笔·留言，2009-04-05）

王老师:

您好,自从上学期开始,我们学校发生了不下十起学生打架事件,事后倒是都给了学生处分,但没有一个开除的！有的学生打了两次架仍不开除（每次都造成恶劣影响）,打架时身材魁梧的老师都拦不住。请问,领导这样做对吗？我觉得这样只会纵容学生。

王晓春答

您没有告诉我您在中学还是小学。打架发生在中学和小学,情况是不同的。您可能在中学吧？我也不知道你们地区的社会风气，不知道你们地区和学校关于开除学籍有何具体规定，不知道您所说的打两次架的学生的具体错误情节，所以我无法正面回答您学校领导这么做，是对还是错。没有调查，就没有发言权。

不过据我的经验，学生打架，还是尽量教育，能不开除就不开除。这不光是为了避免给社会增加不安定因素，而且是为了避免学生铤而走险，酿成事端。真的出事，那麻烦可大了。青少年爱冲动，此事不可不防。

作为一线教师，当然会觉得开除痛快，开除可以杀一儆百。但是我想，即使有些学生无法教育，采用保守治疗，把他稳住，也是可能的，反正他不会在学校养老。这种学生对周围的不良影响，也有办法防止其扩散的。问题是很多教师缺乏这种能力，就只好寄希望于"动真格的"了。

我并不反对开除（最好温和一点，劝退），但是我主张重点在提高教师教育能力上下功夫，因为开除这件事是不需要教师有多少教育专业技术的，教师若总是把希望寄托在开除学生上面，有可能妨碍自身专业水平的提高。学校不是政法机关，它绝对不能主要靠制裁来工作。

希望"困惑"老师不要骂我是你们校长的"托儿"。也许有的学生确实该开除，要真是那样，我肯定支持开除，但同时我还是要说上面这些话。

2009.4.7

"匿名教师"（教师研修网·王晓春专栏，2009-06-14）

老师应该怎样保护自己？

昨天看到了一则新闻：一名中学生作业未完成，其他学生告诉了老师，班主任批评了这个孩子，并问了这个孩子妈妈的电话，准备沟通一下。谁知这个孩子回到家从自己房间跳了楼，自杀了！节目主持人说，学校脱不了干系。

这是一个单亲家庭，孩子的离去令人叹息。可回过头来想一想，这个孩子的班主任对于学生没有完成作业，批评一下，有错吗？难道不应该管吗？如果任由其不学习，做家长的会不会又说老师不负责任了呢？与家长沟通一下，有错吗？不是应该加强学校与家庭的沟通吗？

如果这个孩子没有自杀，这位班主任做的这一切是没有问题的，在电话中，这位孩子的母亲恐怕还要感谢老师对孩子的关心、上心。可是，为什么孩子自杀了，就与学校脱不了干系了呢？

我困惑了。我们应该怎么保护自己呀？怎样在严和宽之间找一个平衡的点？

王晓春答

这种事，孩子的死究竟与教师有多大关系，不是谁随便一说就行的，要详细调查取证。如果教师并未说什么错话、做什么错事，平日也没有压制这个学生，那么教师是没有多大责任的。

所以，这里关键不是责任问题，而是教师能在多大程度上避免这种事。教师能保护这个孩子，使她不出事吗？这才是我们要研究的问题。

心理学告诉我们，自杀都不是偶然的。自杀者一定是早有自杀倾向、自杀心态，才会在某个时机实施自杀。而且，很多自杀者在自杀前些日子会发出"求救信号"的。也就是说，自杀的学生在自杀前总会有反常表现，尤其是在同学中，更容易表现出来，如果教师多留一个心眼，注意察言观色，是有可能发觉的。这就有希望避免悲剧的发生了。

另外，教师如果专业水平较高，他就应该能够注意到不同学生性格不同，因而采取不同的方法对待，这也可以避免很多问题。有些孩子，即使老师骂死他，第二天他也会对老师笑嘻嘻的，他就是这种性格；另一些孩子心思很重，说一句都不行，对这种孩子说话就要格外小心。我们千万不能像官僚那样工作，官僚的特点是毫无人情味，你必须照我说的做。我们也不能像机器那样工作，一刀切，谁不交作业我都是这一套：批评，告家长。有些孩子的家长是轻易不可以和他联系的。总之，教师无论采取什么措施，事先都要诊断一下，评估一下，掂量一下，看此法是否适合这个学生。绝不可以简单行事。谁工作方法简单，谁头脑简单，谁就会经常遇到"预料之外"。你事先不做任何"预料"，当然很多事都会在你的"预料之外"。

当然，教师不是神仙，无论如何小心，总会有想不到的地方，所以还有一个重要的原则是，拿不准的事情，就先别动。这是比较安全的。像这个孩子，本来就是单亲，可能平日情绪就不佳，他没完成作业，被同学告发，何必非要批评？找来询问一下，劝一劝，先别采取其他措施，不行吗？这绝对不是不负责任。很多老师总是拿"负责任"为自己不动脑筋的轻举妄动辩护。教师应该明白，孩子是很娇嫩的，今日的孩子尤其脆弱，必须"轻拿轻放"。你平日重手重脚，可能一直没出事，你自我感觉很有威风，然而遇到一个"瓷娃娃"，他就碎了，你怎么办？

所以教师一定要学会诊断，工作方法一定要很灵活，因人而异，因材施教，没有这个水平，以后日子肯定不好过。你就等着吃了一惊又一惊吧。

所以，这个案例所涉及的并不是个简单的教师保护自己的问题，而是教师如何提高专业水平的问题。

仅供参考。

2009．6．14

这个案例告诉我们，"管理无情，制度绝情"用在孩子身上，是一个死板的、冒险主义的口号。鉴于今日独生子女的心理特点，认真实行这样的口号，很有可能出人命的。不能用这样冷冰冰的管理对待孩子，不应该把孩子看成实现成年人管理目标的工具。教育者是为学生的发展服务的，不能反过来，让学生为学校的管理目标服务。

第四节　课堂管理是为了学生的发展，而不只是为了教育者的业绩

"管理"一词《辞源》未收，说明它是近代才出现的一个新词。其词源至今尚未搞清，估计是个外来语。

《现代汉语词典》对"管理"一词的解释是：①负责某项工作使顺利进行；②保管和料理；③照管并约束（人或动物）。

可以看出，义项②和③不过是①的具体化，总的说来，管理通常被解释为主持或负责某项工作。但若说到严格的定义，则有多种提法，至今未能统一，严格界定这个概念也不是本书的任务。总之，管理是一种行为。它有四个要素：管理主体，回答由谁管的问题；管

理客体，回答管什么的问题；管理目的，回答为何而管的问题；管理的环境或条件，回答在什么情况下管的问题。有了以上四个要素，就具备了形成管理活动的基本条件。

仔细琢磨管理这种活动，你会有一种感觉：管理很难以被管理者为中心，很难从被管理者出发。管理者本能的冲动就是实现自己的目标，或者完成上级布置的任务。管理者的眼睛，不大容易往下看。

我们举公司管理为例。公司的生命是它的业绩，有业绩才能挣钱，挣到钱公司才能继续运转。所以公司总是把任务分解，变成量化指标，层层落实到每个员工身上。比如在房地产公司，你作为员工，每月必须售出几套房子，才能得到基本工资，超额了则有奖励。这种管理几乎完全是为了公司的发展，在公司发展的前提下，员工才能得到利益。公司兴则我荣，公司衰则我败，大河无水小河干，是一种捆绑式的关系。作为公司的老板，他考虑的重点肯定是整体的效益（甚至是个人利益），而不可能是每个员工个人的发展。当然，公司也会有员工培训，但这种培训与其说是为了员工个人的幸福，不如说是为了提高公司的效益。总的说来，公司并不承担整体上提高员工素质的任务。这就很容易造成公司对员工个人问题的漠不关心，上下级之间形成赤裸裸的雇佣关系。为了克服这种弊端，人们提出了"人性化管理"的口号。所谓人性化管理，无非是更多地站在员工的角度考虑问题和处理问题，这是完全必要的。但是你会发现，无论多么"人性化"，管理的本质也不会有变化，既然是管理，就要以任务为中心，从任务出发，而不会完全从被管理者的需要出发。

管理的这种特点在公司无可厚非，但生搬来用在学校，用在课堂，就大错特错了。"向管理要效益"这种口号，不可以用在学校，因为学校管理的性质与公司管理有本质性的差别。学校管理是一种很特殊的管理，在学校，各种管理的目标首先不应该是为了达到管理者的目标，而应该是为了学生的发展。但是学生与学校的关联和公司员工与公司的关联有很大差别，也就是说，学生个人的发展与学校的发展关系不是那么密切，甚至常常是矛盾的。即使是名校，也完全可能"误人子弟"，完全可能妨碍了某些学生的发展，压抑了他们，但公司里就没有这一说。公司对于员工个人的发展，可以说是不负责任的，你不喜欢这里可以跳槽去别处。

说到这里，我们可以看出管理与应试教育的血缘关系了，应试教育很容易走向强化管理之路，而强化管理必定固化应试教育。道理很简单，应试教育正是为了完成管理者应试指标的教育，这非常符合管理的本义——以管理者为中心。所以，只要你真想搞素质教育，你就必定会适当淡化管理在教育中的作用，因为素质教育是以提高一个个学生的素质为目标的教育，而这个目标不一定等同于学校管理的目标。

问题的关键在于，教育者必须认识到，教育是一种公益事业，而不是一个产业，学校绝对不是一个公司。一个老板可以堂而皇之地说："我办公司就是为了赚钱，这是我的个人目标。"一位校长却不能说："我办学校就是为了赚钱。"这样说得不到社会的认同。所以，几乎一切教育者嘴里都在说，我的言行都是为了学生（很多学校都有这样的标语："一切为了学生，为了一切学生，为了学生的一切"，很是动人)，不是为我自己，不是为了赚钱。然而实际上，其管理宗旨优先考虑的常常不是学生的发展，而是完成上级布置的任务，因为这涉及自己的工资和升迁。为了（有意识地或无意识地）掩盖这个事实，很多教育者都有一个最牢固的习惯：把自己的个人愿望说成是学生的最大利益——我是为了你好，你照我说的做，才能得到最好的前途。换句话说，过分强调管理者与被管理者利益的一致性，抹杀其矛盾的一面，是教育者最厉害的一招。而且我相信这样想的很多教师是真诚的，他们真的相信、真的认为自己的期望就应该是孩子的奋斗目标。什么是你的发展？按我的"伟大战略部署"行动，就是你的发展。历来包办婚姻的家长都是这样的思维方式。我相信绝大部分包办婚姻的家长都是真心为孩子的未来着想，并非为一己之私，他们的失误就在于，想用爱来压迫孩子，想代替孩子生活。教师如果认定自己给学生设定的前途是最好的，则他和包办婚姻的家长并没有什么两样。孩子在这种教育中，不是"发展"，而是"被发展"。

　　真正的教育者绝不包办学生的前途和生活。老师只做一件事，根据学生的特点，按照学生的需要和个人意愿，帮助学生发展。老师的管理首先不是为了老师的业绩，而是为了给学生创造一个更安全、更有利的发展环境。当老师的管理与学生的发展发生矛盾的时候，老师不会片面要求学生服从老师的管理，而要看具体情况。比如，老师不能强行要求学生考试达到某个成绩，因为这可能对他的发展是不利的，事实上也确实有很多孩子因为被迫追逐成绩指标而造成心理问题甚至崩溃的，这已经成了明显的社会问题了。这种管理不但没有帮助学生发展，反而阻碍甚至破坏了他的发展。我来说句怪话，有些孩子，为了他们的发展，有时甚至需要告诉他"你不要考那么高的分数，不要当什么班干部、三好生"。这不是和常规管理唱反调吗？是的。因为我首先是个教育者，而不是个管理者。教育者和管理者不是一个概念，虽然这两种身份也有重合之处。有人一定会责备我刻意把管理者与教育者两个概念对立起来。我要说的是，当更多的人刻意把二者混同起来，在"一切为了学生"、"强化管理"的漂亮旗号下偷运私货的时候，把管理与教育的差别摊开来给大家看很有必要。需要有人把真相说穿，否则事情会永远混沌下去。

我再说一遍。学校需要管理，课堂需要管理，这是没有疑问的，但是这种管理绝不等同于公司之类的管理。学校管理的根本特点在于，它的出发点是每个学生的发展，而不是完成管理者的指标。要做到这一点很困难，但是必须这样做。

我曾与一位网友发生争论。他极力主张班级学生要"万众一心奔目标"。愚以为这种想法如果盲目用在班级管理和课堂管理上，很不妥当。

在社会转型、价值观多元化的今天，在一个小小的班级或学校，提出"万众一心"的口号，有点滑稽。若用在课堂教学上，也只是幻想。

"万众"是个集合名词，其实是由一个个人组成的。执行起来，"万众一心"，以谁的"心"为标准？向谁靠拢？和谁保持一致？显然是被管理者与管理者——教师"一心"。这不但是不可能的，而且是不合法的，它否定了思想自由。在现代社会，你只能强制人们遵守法律，绝不能强制任何人和你"一心"。父母这样要求子女都是不可以的，更何况教师对学生？

一个班的学生，总的说来，不可能"一心"，但是在某些具体事情上，在某种时刻，却可能意见一致（如拔河的瞬间）。班主任切不可以为这就是"统一思想"了，不是的，这是临时的一致。而且，行动一致绝不等于思想一致，人们完全可以怀着不同的目的干同一件事情。

所以，一个优秀班主任绝不幻想时时刻刻的"万众一心"。他会细心地寻找班级多数同学的共同利益和共同心愿（即我所说的"最大公约数"），以此引导学生尽可能团结起来，能意见一致就意见一致，意见不一致就行动一致，同时宽容持不同意见的人。这才是民主。

意见不一致的地方才可能有和谐，意见全一致就根本没必要提出"和谐"的口号了。有不同声部才是"合唱"，调子全一样就是"齐唱"了。

班级管理和课堂管理，出发点是每个学生的发展，然而学生个性不同，五个手指不一般齐，这就注定了课堂管理只能求得大致的统一，不能一刀切，教师的管理任务主要是保住底线，而不是利用管理手段提高学生。

如此管理还涉及公平性的问题。

有位教师问：如果在班上面对同一问题（不交作业），老师采取不同的方法，学生会不会说老师不公平，欺软怕硬，是变色龙？

我想可以这样回答：

两个学生都没完成作业，其中一个我与家长联系，询问原因，另一个不和家长联系。为什么？因为我知道后一位家长根本管不了孩子，联系也没用。如果说这是"不公平"，不是很好笑吗？只有机器人（而且是低级的机器人）才会保持那种"公平"，因为它不会分析具体情况。

两个学生都没完成作业。其中的一个，我要求他必须完成，另一个则要求他会多少做多少。为什么？因为他们基础相差甚多。这属于分层教学，因材施教。这样公平吗？公平，而且这是真公平。不分青红皂白的一刀切是假公平，官僚主义的"公平"。

对学生提不同的要求，学生会不会有意见？我的经验是，只要说清楚了，不会。当年我教书的时候曾经允许一个学生在我的语文课上做物理题。为什么？我向学生解释道："要中考了，他的语文成绩大局已定，提高不了什么了，若把时间用在物理等科，能提高更多的分数。希望大家理解。如果其他人也有这种需要，也可以向我提出。"结果没有一个人提出异议。学生是通情达理的。教师不要拿学生当挡箭牌，为自己缺乏因材施教的能力辩护。

愚以为，公平主要体现在纪律和品德方面。校规和班规如果有明确的处罚规定，学生犯了错，原则上应该一律处罚。而涉及能力的问题(尤其是学习方面)，一定要因人而异。即使在道德和纪律方面，有时也要对某些特殊学生做些妥协，不能完全一刀切。如果教师死心眼，强求一致，最后结果往往是学生（甚至家长）索性撕破脸了，跟纪律对着干，弄得你一点脾气也没有，连"公平"的影子都摸不着了。这时候，学生才会嘲笑教师"欺软怕硬"。

要想真公平，有时就得有些灵活的小"不公平"。不懂这个道理，那就证明思维方式相当机械了。

有因材施教的、灵活的课堂管理，才会有学生真实的发展。

第三章

课堂管理的四个支柱理念

许多教师都觉得课堂管理很难,新教师尤其如此。课堂管理难不难?本章就是回答这个问题的。俗话说,会者不难,难者不会。总的来说,管理孩子应该比管理成人困难小一些。倘若一个教师连几十个孩子都管不住,那要给他几十个成年人,恐怕他就更对付不了了。当然,也有些人管得了成人管不了孩子,管理孩子确实需要另外的本领,本书就是研究这套本领的。在本章,我要说的是课堂管理的几个支柱理念,也可以说是课堂管理的基本方针或原则。我想,教师有一定的素质,掌握了课堂管理的基本理念,管理课堂应该不难。

第一节　认清课堂的基本特点

课堂管理究竟难不难呢?这不好说。对于有些人很难,对于另一些人就不难,关键在于你会不会,会者不难。而所谓"会",首先指的是你要有正确的管理理念。要有正确的管理理念,又首先要求教师对课堂有一个清醒的、正确的认识。我们在第一章说过，课堂是教学与管理的交汇之处，课堂是学习与生活的交汇之处，课堂在社会化与个性化的两难之中，课堂对学习有利有弊。你会发现，教师的课堂管理碰钉子，往往是因为他没有认清课堂的上述基本特点。这合乎逻辑。你不了解某个事物的情况，却想对它施加影响或者加以控制，你的行为当然就会有极大的主观盲目性，那么失败就是难免的了，你感觉困难也就是难免的了。

我们通常对课堂的看法是什么呢？"专心致志的课堂"、"鸦雀无声的课堂"、"团结友爱的课堂"、"教学相长的课堂"、"充满爱的课堂"、"五彩缤纷的课堂"、"诗意的课堂"、"生命之花在这里绽放"。这些说法，不是在切实说明课堂的特点，而是在抒发教师的感情，表达教育者的愿望。如果说外国人讨论课堂问题时侧重研究"课堂到底是什么"，我们谈论课堂时则侧重表达"课堂应该是什么样"。他们侧重现实主义，我们侧重浪漫主义；他们是科学视角，我们是道德视角。你会发现他们不习惯一上来就谈论课堂"应该"是什么样（这正是我们多数人的习惯），而习惯首先客观地研究课堂到底是个什么东西，然后再决定如何应对，他们不怕说扫兴的话，而是正视事实。我并不认为我们的习惯思路完全要不得。道德视角能鼓舞人，当然也是需要的。你能说"团结友爱的课堂"、"诗意的课堂"不好吗？问题在于，作为专业人员，这个思维的顺序有毛病。我们应该先尽量平静、中立地搞清楚课堂的基本特点，然后再抒情，否则就可能陷入主观主义，把自己的善良愿望当成客观现实。教师装了一肚子诗句，满怀憧憬走上讲台，结果发现完全不是那么回事，于是就震惊、就愤怒、就埋怨、就焦虑……这正是我们很多教师的心路历程。想得越高，摔得越重。如果当初他们走上讲台之前就把课堂的真实特点搞清楚，就可以大大减轻挫折感，而且可以少犯很多主观主义和冒险主义的错误。现在，这种错误教师犯得太多了。

在课堂管理方面，目前流行的口号有"严格管理，精细管理，量化管理，人性化管理"等。其中教师们最爱听的，可能就是"严格管理"了，因为我们自古以来就有"严师"的传统，"教不严，师之惰"，迷信"严格"的教师甚多。如果这些教师认清了课堂的特点和本质，他们就不会一味严格了。

既然课堂是教学与管理的交汇之处，那就是说，管理对教学有保障作用，也可能有干扰作用。事实确实如此，教师过分强调课堂纪律，有可能转移学生的学习注意力，因为要达到很严格的纪律标准，也是需要相当多的注意力的。我相信对于参加阅兵式的战士们，上级不可能要求他们在训练动作的同时思考科学问题，因为光是准确地完成规定动作，就几乎已经耗费了他们的全部精力了。学生也是这样。比如，我听讲姿势不合老师的要求，但其实我是在注意听，老师纠正我的姿势，我努力照老师的要求做，势必分出一些精力来，结果听讲的注意力反而缩水了。这就是所谓管理妨碍了教学。所以，真正优秀的教师不会把学生管得笔管条直的，他只希望每个人都尽量多集中精力在学习和思考上。

课堂是学习与生活的交汇之处，而生活是活泼的、不拘一格的。那么很显然，课堂管理越严格，它离生活就越远，它就越缺乏生活的情趣。这是学生厌学的重要原因之一。因为我说过,在学生心目中，课堂不但是个学习的地方，而且是个过日子的地方，过日子太枯燥了是不行的，过日子需要乐趣。所以你会发现，课堂管理过分严格，反而会刺激学生在课上干课外的事情，只不过转入地下了。某教师特别厉害，学生不敢造次，只好到其他课上去发泄"自由"，于是性格温和一些的教师就倒霉了。过分严格的教师,其实是在"以邻为壑"。

课堂在社会化与个性化的两难之中。那么显然，课堂过分的严格会压抑个性，而个性是无法消灭的，它像压在大石头下面的小草，弯弯曲曲地向上生长，教师就会觉得这是"捣乱"。还不止如此，有些学校和教师搞的一些"土政策"不但压抑个性，甚至对学生的社会化都有所妨碍。比如，有位老师反映他们学校规定学生排队放学的时候，必须一边走一边背《三字经》，这也太过分了，社会上也没有这么要求公民的。所谓"准军事化管理"也有这个毛病，把未成年的学生当作成年的军人进行管理，这是违反社会化要求的（虽然短期军训有好处），这种管理会把学生管傻，势必遭到学生的反抗。

同样道理，如果教师懂得课堂对学习有利有弊，他也绝不会迷信严格。因为本来集体学习就有弊端，学习最需要独立思考，而独立思考最好是在独处的环境中进行，课堂绝非独立思考的恰当场所。所以，真正懂教育的教师绝不会无限制地搞时空占领，他会尽可能给学生一些独立活动的时间和空间，他不会片面强调严格。

总而言之，课堂管理，绝不是一个"严"字了得。拿严格当课堂管理的法宝，只能证明教师并不了解课堂的基本特点。

还有什么精细管理、量化管理，也都是这个道理。管理过于精细，就把学生完全捆住了，学生成了木偶，教师成了牵线人。至于量化，谁都知道只能量化最表面的东西。人的情感、态度、价值观无法量化，能力无法量化，创造性更无法量化，所以量化管理实际上是"物化管理"、眼中没有活人的管理。

人性化管理的提法有道理，但是太模糊了，容易造成很多误解。在许多人的心目中，所谓"人性化管理"就是处处照顾学生、迁就学生。要是这么理解，那么对学生放任自流，让他们随心所欲，岂不最"人性化"？

所以从根本上说，课堂管理的关键和前提是搞清楚课堂到底是个什么东西，教师管理课堂到底为了什么，只有把这些基本理论问题搞清楚了，管理才会由难转易，否则教师的管理目标和方法都会出现各种偏差，于是处处碰钉子。

很多教师都轻视理论，他们只对"怎么办"感兴趣。实际上，你躲不开理论。任何一个教师都是带着某种"理论"走上讲台的，如果你脑袋里没有正确的、科学的理论，那就一定有某种错误的、片面的、主观的或者混乱的"理论"。你的脑子里不是空白。如果你没搞清楚课堂的真实面目，那你脑子里准会有一个虚假的、扭曲的、幻影式的课堂图景，而这个图景就会像幽灵一样，把你引向不顺或不幸。

下面我们举几个例子。

有一个学校提出了这样的口号："走进教室就学习，走进教学楼就安静"。

教室绝不是单纯学习的地方，它同时还是孩子们生活的地方，而生活大于教学。"走进教室就学习，走进教学楼就安静"这个口号实际上是想把学生（在教育者眼睛看到的地方）变成学习机器，它与素质教育理念正好是对立的。因为这种规定严重违背孩子的天性，严重违背教育规律，我估计它很难持久。领导也不可能每日这样检查扣分。这恐怕又是形式主义的一阵风。等这股风吹过去，就会宽松一点。而且学生会反抗的，这样做的直接后果就是促进学生厌学甚至厌校，因为这分明是要把学校尽可能变成最令孩子厌恶的地方。

网上有一位老师向我提问："班级学生在听讲时，总会不自觉地转动手中的圆珠笔或者做其他小动作——请问他在认真听讲吗？教师对此应该持何态度？"

我回答道："问题不错。这事太好办了。你可以看班内有多少人这样，他们的考试分数排一下，看关联程度如何，就可以下结论了。然后你的措施就有了。"

转动手中的圆珠笔有缓解心理压力的作用，还有游戏作用。我绝不能告诉你转圆珠笔是好事还是坏事，这不是科学态度。这需要研究分析。我们不要认为上课时保持哪种姿势才是认真听讲，科学不支持这样的结论。有的人注意力特别集中的时候，他就傻了，也有的人注意力特别集中的时候手和脚一直在动，人和人是不一样的。

当然，学生听讲时转笔，教师的感觉是不舒服的。教师的感觉与学生的实际情况往往不是一回事。教师作为教育者应该宽容，容忍孩子各种不同的举动。教室不是兵营，学生不是士兵。从事脑力劳动的人，对动作不应做出整齐划一的要求。这是与体力劳动的不一样。脑力劳动需要相对自由。有些作家、棋手集中注意力的方式都很特殊的，教师应该允许学生有无伤大雅的动作，要大度。当然，那些上课好像搞杂耍的学生，其注意力只是在玩上，对他们要管。就是说，上课时没有某种动作是绝对好的，也没有某种动作是绝对不好的。总之，还是一句话，要具体问题具体分析。

第二节　预防意识

古语曰：凡事预则立，不预则废。课堂管理也是这样。教师不能等课堂出现了问题才去"救火"，那是被动防守的工作姿态，挨打的架势。教师应该尽早发现征兆，把可能的问题解决在萌芽状态，教师还应该在没有问题之处做文章，增强班上学生身体的健康程度和抵抗力，使课堂不出问题。

我认为，所谓预防，主要指两个层面：一般性预防和重点预防。一般性预防指通常情况下（非特殊情况）的预防措施，主要在面上；重点预防则指重点情境、特殊情况、重点小群体和重点人物的预防。

一般性预防，首先要做到的是有言在先、交代清楚。

课堂上发生的很多问题或混乱往往是由于没有把话说在前面或者交代得不够清楚造成的。所以，要把课堂上的规矩预先告诉学生，以便学生有所遵循。注意，这些规矩一定要合理、清晰、明确，有可操作性和可验证性，不能过于笼统，不能模糊，也不应太细，否则学生记不住或者做不到，就起不到预防的作用。

比如，有个小学班级规定："上课时，精神饱满，坐姿自然，两脚平踏在地，不跷二郎腿，不一脚抬放在凳子上，不倚墙而坐。听讲时两臂屈肘平放在桌面，目视老师，身坐正，不玩其他东西，不东张西望，不讲话，思维跟随老师活动。"其中"精神饱满"属于空话，"坐姿自然"含义不是很清楚，"思维跟随老师活动"则难以验证，这些都不必写进班规。"两脚平踏在地，不跷二郎腿，不一脚抬放在凳子上，不倚墙而坐"又规定得太细了。

还有一个小学对课堂上读书竟然做了这样的规定："身体坐直，双手握书，眼离书一尺，胸离桌一拳。①齐读：普通话声音要洪亮、整齐，不唱读，有抑扬顿挫感；②默读：不读出声音，边读边想——知道了什么？还有什么不明白？③个人读：起立，普通话声音要洪亮，不唱读，有抑扬顿挫感，有表情，有感情地读，边读边想——知道了什么？还有什么不明白？"这种规定就更过火了。没有必要管这么死，而且想一直管到脑袋里面去（边读边想），给人的感觉这不是定规矩，而是规矩制定者在阐明自己的主观愿望。

某初中班的课堂要求中这样写道："对待学习要认真，刻苦努力。上课过程中要保持安静，专心听讲。不要出现说话、睡觉、看课外读物（任课老师同意的情况除外）、下座位乱走动、听音响、玩游戏机、做小动作、打闹这些现象。"这些规定就比较具体，有可操作性和可验证性，但"对待学习要认真，刻苦努力"的说法属于空话。另一个班级的课堂规矩上说:"上课积极回答问题,不要打断老师的上课。同学之间应相互帮助,共同进步。"基本上属于宣传口号。还说"课后要求每一位同学都学会提问,向老师或同学虚心请教"。这种要求事实上很难做到,不应写进规则。

我发现很多学校领导和教师分不清想提倡的东西和要求学生必须做到的东西,往往在班规等规则中把二者混为一谈。愚以为作为规则,应该只提那些学生必须做到的和禁止的事情,不要在规则中提号召性的东西。号召性的东西,应该在另外的语境下谈。规则是必须执行的,要丁是丁卯是卯,不能含糊。

因为教师个性不同、管理理念有差别,所以学生守则、课堂常规、校规、班规的原则具体到一个教师,执行起来常有弹性。不同的教师有不同的要求,如果不对学生说清楚,就可能出现问题。比如有的教师要求学生上课发言必须举手,而且要举右手,甚至还有要求举手姿势的,有些教师就不这样要求。我当年就不要求举手,学生想说就说,打断我讲课也没关系。我若不对学生说清楚,学生上我的课仍然规规矩矩,我会觉得很不舒服(我不喜欢学生课堂上太规矩,我认为那可能妨碍他们思考),反过来,学生在我的课上随便惯了,在另一位老师的课上也张口就说,老师就可能误以为学生不尊重老师,学生自然觉得委屈,于是就会发生师生冲突。课堂上很多纪律问题都是这样发生的。所以,为预防起见,每个教师都应该把自己对学生的要求提前说得清清楚楚,而且要稳定,不要变来变去。

除了上述"有言在先、交代清楚"的办法之外,作为预防手段,教师还应该密切注意课堂气氛和学生动态,一旦发现学生注意力无法集中,疲倦了,也可以及时搞点放松活动。比如讲个小笑话,变个小魔术,唱个歌,做个小游戏等,这些都有预防作用。学生听讲一不耐烦,就可能生事,教师要赶在学生生事之前让他们发泄一下,然后继续讲课。经验告诉我们，这不但不会影响教学效果，反而能提高教学效率。学生已经厌烦之极，教师还在那里不停地唠叨，这不但没有效率可言，而且根本就是纪律问题的催化剂。

以上说的是一般性预防，下面说重点预防。

人有个性，班级也有个性，即所谓班风。教师在不同班级上课，感觉往往会有差别，有时差别还很大，所以，教师首先要对那些可能发生课堂纪律问题的班级做重点预防，了解这个班的特点，制订出预案。科任教师尤其要注意这个问题，不要总是等到出了问题再向班主任告状。比如有的班级学生集体荣誉感强到了病态的程度（这常常与班主任的个人风格有关），你就千万别轻易表扬其他班级的优点，同时批评这个班，否则与这个班结下梁子，以后会生出很多麻烦。也就是说，在有的班，你说话可以随便一点，在有的班就必须小心翼翼。有的班你可以请班干部帮你维持纪律，有的班就不行，这些都要事先打听好，不要等碰了钉子再调整。有些教师碰了钉子还不接受教训，那就更不行了。

还有重点情境的预防。教师都有经验，双休日后，周一上课，学生往往没精打采，住宿生有的还拉肚子，显然这是假日疯玩、胡吃海塞造成的。于是有些教师就大呼"5＋2＝0"。这种埋怨是没有用处的，不如早做预防。比如周五放学时给家长发个短信，告诉他们一些注意事项，周一学生到校，安排一点缓冲性的学习，不要立刻搞得特别严肃紧张。再比如天气突然变化，也要有所准备。打雷了，下雨了，下雪了，学生都可能兴奋起来，有的甚至会忘乎所以，于是有些教师就认为学生这是找个茬就捣乱，其实这往往属于正常心理。你有心理准备，就不会烦躁，你无心理准备，就可能站在学生的对立面给他们泼冷水，结果遭到他们的反对，为以后的纪律问题埋下定时炸弹。再有，当上课方式发生变化的时候，也要预防出问题。比如去实验室上课，到教室外面上课，去参观，或者在教室里重新分组。总之，只要一"变"，就可能出问题，教师一定要事先估计些可能发生的问题，准备好对策。千万不要把什么都想得那么美，一旦不合自己的心意就对学生大发脾气，那是很不专业的。请记住，事物发展总是波浪式的，不要幻想学生的表现像匀速直线运动一样。

再有就是重点人物的预防。有些学生是容易在课堂上惹是生非的，其中有问题生，也有非问题生，有的还抱成小团，互相呼应。这些也都需要事先了解，而且有所准备。这个问题需要专题研究，这里就不细说了。

总之，课堂管理与人体健康一样，应该以预防为主，尽量不要把大部分精力放在应战和治疗上。如果教师感觉自己的课堂管理处于"只有招架之功，并无还手之力"的状态，或者课堂上一切顺利时就感觉怪怪的，那就证明教师的预防意识和预防工作太差了，必须赶快加以改变。当然，课堂本是一种难以预料的环境，永远存在变数，预防不是万应灵药，你无法预防一切问题，所以，除了预防之外，教师还要有应变的能力。

第三节 大局意识

观察过课堂管理的人可能都会发现，有相当一部分课堂问题，属于"小事化大"，而教师常见的毛病则是"因小失大"，"一事障目，不见全班"。某个学生出了点纪律问题，教师立即加以干预，学生不服，申辩或者顶撞，教师就急了，置多数学生于不顾，置教学进度于不顾，和这个学生"单练"起来，一斗就是十几分钟。好不容易恢复讲课，仍余怒未消。这种事情可谓司空见惯，每个上过学的人都见过这类节目。为什么会这样呢？因为教师缺乏大局意识。当他与个别学生较劲的时候，他已经忘记自己是一个全局的掌控者了。也有另一种可能是，他以为只有压住了个别人，才能控制全局。他不懂得，事情常常正相反，只有稳住了大局，才能更好地解决个别人的问题。总之，他们没想清楚整体与个人的辩证关系，他们没认识到课堂管理的一个基本规律：在课堂上，在绝大多数情况下，面比点重要。上课的时候，教师的眼睛，在任何情况下都不要被个别学生完全吸引过去，教师的主要精力，也应该花在整体上，而不是个别学生身上，这就是所谓"大局意识"。

具备大局意识的教师在处理课堂管理问题的时候，常常会有以下做法：

1. 震动面小的问题，装作没看见

见错就管，与其说是责任心强，不如说是教师的职业病。事实上课堂问题层出不穷，花样翻新，教师不可能什么都管到。有些小的毛病，完全可以装作没看见，因为当事者可能并未影响别人，甚至也没影响自己。比如有些孩子小动作多，但他却是在听讲，你管他，反而扰乱了他的听讲状态，他本来未影响别人，你一管，反倒是你打乱了课堂秩序。如果教师有大局意识，宁可装作没看见。当然，课下可以给他提醒一下。

2. 一定要分清影响课堂秩序与影响教师心情两种情况

据我的经验，有些教师的所谓"纪律问题"，涉及面未免太宽了。其中有些问题只是教师看着不顺眼，或者影响了教师的讲课情绪，教师就大动干戈，作为纪律问题来处理。比如说，有的孩子上课有些习惯性的小动作，抓耳挠腮，跷二郎腿等，这些很可能属于文明举止的问题，但破坏了教师讲课的心情，教师很容易从维持课堂纪律的角度加以干涉。其实细想，这类事情并未影响整个班级的教学气氛，或者说影响较小，教师如果心中有大局，就应该克制自己的情绪，不要和孩子一般见识，继续讲课，课下再加以教诲不迟。

3．能用提醒的，就不批评

课堂上遇到问题，开口就批评当事人，这也是很多教师的职业病。愚以为这样未免太轻率了，副作用往往较大。我主张，凡是能用提醒解决的问题，就不要用批评的语言或语气。比如一个学生上课说话，对他说"请你安静"就可以了。更委婉的说法是："如果你有问题，可以站起来问。"多数学生听到老师这样说，就会知趣地闭嘴了。如果教师上来就批评道——"你说什么说！"，就有可能发生冲突。有些孩子上课说话可能是下意识的，甚至不知道自己说话了（确有这种情况，虽然听起来有些奇怪），这时老师一批评，他就会否认，老师认为他不老实，会加大批评力度，接下来就是一场小型的"战争"。采用提醒的办法就不容易出现这种局面。没有人喜欢被批评，所以批评这个武器，能不用就不用，不得已时再用。

4．能用表情和肢体语言解决问题，就不靠嘴说

提醒也有多种方式，不一定非要用嘴。我感觉，嘴的利用率太高，也是教师的职业病。我主张课堂上提醒学生遵守纪律，尽量采用表情和肢体语言，少用嘴。因为只要您一开口，影响的就是全班，而用无声的方式，震动面较小，有利于大局稳定。无声方式，可以用眼神提醒，可以做手势。比如有的老师与学生约定，如果班上出现骚动，他就用手做一个篮球场上要求"暂停"的动作，希望大家能够安静下来，效果很好。这种做法不但效率高，而且有点游戏性质，

学生还可能很欢迎。有时个别学生有问题，教师可以暂时不理，等到串行走到他身边时，轻轻捅他一下就行了。有些学生还很喜欢这种沟通，他觉得老师很给他留面子。当年我处理学生上课看课外书，有时就是这样。我装作看不见，等走到他身边，把他藏在课本下面的课外书抽出来，放在他的桌斗里，他冲我笑一笑，事情就过去了。教师不要总摆出一副警察的样子。我的这种做法传达的信息不是和他作对（像警察抓小偷一样），而是一种善意的帮助，效果较好。

5．能课下解决问题的，就不在课上解决

处理课堂纪律问题的基本原则之一是速战速决。千万不要拖泥带水，不可恋战，绝不要搞持久战。我常说"不要在课堂上教育问题生"，因为问题生需要诊断，课堂上无法诊断，所以教师要做的主要是稳住他们，使他们有所收敛，不要让他们的问题扩散到全班。细致的教育工作应该放到课下进行。有些教师太好面子，情绪容易失控，非要在课上和学生争个高低，非要大获全胜，否则誓不收兵。这会耽误许多讲课时间，引起多数学生的不满，要是教师能力不够，打不赢，更是降低威信。所以，新教师，应变能力不够强、嘴茬子不够硬的教师，遇事可先给自己找个台阶下，继续讲课，课下再与有关学生"算账"不迟。

6．避免"导火索"式的语言

所谓"导火索"式的语言，指的是可能引起学生逆反心理的语言。这种语言容易导致学生顶撞教师，酿成师生冲突。所以，我历来主张，课上发生问题，教师回应时的首发句非常重要，一定要慎重。比如教师发现学生注意力不集中，张口就说："你怎么走神了？"这就是"导火索"式语言。学生如果顶嘴说："我怎么走神了？"教师

立刻就被动了，因为"走神"这件事，他若不承认，其他同学无法做证人，公说公有理，婆说婆有理，成了无头案，纠缠不清。有的教师很刻薄，说话伤人。比如某学生注意力不集中，他上来就讽刺："你想什么美事呢？哈喇子都流出来了。"如此说话，胆大的学生肯定会顶嘴，胆小的学生虽然不敢说什么，心里却恨死老师了，将来找个机会，他会"回报"老师。总之，教师千万要避免这类情绪化的语言，多用陈述句，少用反问句和感叹句。其实这种情况，教师说一句"注意听讲"就可以了，这样说不会引爆炸弹，提醒的目的也达到了。

7．不株连

在课堂上批评某个学生的时候，不要株连他人。比如某学生上课说话，教师批评他时却说："这堂课你说话，上堂课××说话，你们还让不让我讲课？"这样，批评一个人就变成了批评两个人，扩大了打击面。学生××可能会发牢骚道："我这堂课又没说话，干吗说我？"教师只好掉转枪口批评他，于是本来说话的那位就可以看热闹了——战线已经转移。这是非常不聪明的策略，完全失去了大局观念，等于信口乱说，只会把事情越搞越乱。

8．不扩散

处理课堂纪律问题，与其放大之，不如缩小之。比如课堂某个角落出现动荡，教师如果张口就说"你们这两个小组怎么这样乱？"，这是不妥当的，打击面又宽了，其实真正有问题的，可能仅是两个小组的部分人，教师把它扩散了。这不但会引起那些守纪律同学的不满，而且很显然，打击面越宽，越不利于学生纠正错误，因为受力面越大压强越小，罚不责众，如此学生就可能把教师的批评当耳旁风。遇到这种情况，可以找一两个问题最突出的学生进行批评，其他人暂且不提。还有一个问题应该注意，如果被批评的学生是小群体的成员，有几个哥们儿，那千万注意不要把他们捆在一起批评。其中一个人若有问题，不要说"你们几个，没一盏省油的灯"之类的话。这样说只能固化其小群体，而且可能引起他们的群体反抗。

9. 不翻老账

有些教师批评学生时喜欢翻老账，揭老底，陈芝麻烂谷子一起来。批评今天的错误，恨不得把前几年的事都抖搂出来。这不但特别容易招致学生的反感，而且极容易浪费教学时间，教师越说越生气，也于心理健康不利。恕我直言，教师这样做，就不像教育者，而有点像家庭妇女了。我不是说不可以把学生问题进行历史的、综合的分析，但是这种事一般不应在课上进行，否则学生会觉得教师是成心寒碜自己，有可能记仇。

10. 不纠缠

处理课堂问题必须速决，道理不一定非要当场辩明，结论不一定非要即时做出，许多事都可以暂时放一放，因为你还要讲课。我发现许多教师都有一种"必须压倒学生"的冲动，好像不当场见个输赢就不解气，不当场把学生制伏就"栽"了，以后学生就不怕自己了。这种想法导致许多教师在课上搞冒险主义的"持久战"，耽误了讲课时间，还可能使自己陷入被动。当然，正气必须压倒邪气。如果学生很过分，这笔账是要算的，否则确实可能助长歪风邪气。但此事可以课下做，到下堂课再给全班一个交代（比如学生当众对教师无礼，就要他下堂课当众道歉）。最不明智的办法是当时逞一时之愤，事后却又忘记了此事。不纠缠不是不处理，而是无须当场处理。这就是我常说的，处理学生问题，宁可蛇头虎尾，不可虎头蛇尾。

11. 提醒多次不听可以不理

有些学生课上不守纪律，多次提醒不听。这时候教师有两种选择，一种是停下课来和他较量，另一种是索性不理他。如果他没有破坏讲课大局，而教师又不够强势，我主张多采用第一种办法。因为这种学生，据我的经验，或者可能是忘乎所以了，或者是有意挑衅。这两种情况无论哪一种，碰他都相当于踩地雷。还是课下处理为好。

12. 不到万不得已，不要把学生赶出教室

个别学生捣乱，如果造成课堂纪律确实无法维持，教师最后的手段是把学生赶出教室。我认为这是可以的，为了保证多数学生的学习权，应该赋予教师这个权力。有些学校擅自规定教师不许把学生赶出教室，我认为这是没有道理的。但是，教师必须慎重使用此项权力，用得多了，反而会损害威信，学生会觉得教师无能。还有，把学生赶出教室，外面应该有人（比如教务处的老师）接应，千万不可轰出去了事，那样若出了意外，教师是有责任的。另外，教师要小心，有的学生你赶他他可能偏不出去，这非常麻烦，容易酿成严重的师生冲突。所以教师在发布"驱逐令"之前必须审时度势，看准对象，准备好对策（赶不出去怎么办），不可感情用事，以免自己下不来台。总之，所谓课堂管理的大局意识就是：先稳面，后抓点。教师有这种意识，课堂管理会显得容易一些，因为教师在课堂上摔的跟头，大部分都与缺乏大局意识有关。

关于大局意识，还有一点需要说明，那就是，教师遇事不要慌。教师态度从容镇定，对稳定课堂大局、稳定每一个学生很重要。

这里有一个动人的例子：

请王老师赐教（新思考博客，王晓春教育教学随笔·留言，2010-02-21）

王老师：您好！

  我们班有个男生，六年级，孩子的妈妈是幼儿园老师，父亲在铁路部门工作，两个人感情相当好，妈妈温柔善良漂亮，温文尔雅；父亲高高大大，但是感情细腻，很仁义，很有责任感，两个人人品都很好，属于那种先为别人考虑的人。孩子一年级的时候妈妈被查出来患有子宫癌，但是治疗及时，控制住了，一家人都很乐观。三年级我接班，家长与我配合得很好。孩子性格特别开朗幽默，学习成绩良好，有他的地方就一定有笑声。我们都很喜欢他。我正在扫地，他会很热情地说："老师，我帮你扫！"他和同学相处得也很好，大大方方，男生女生都喜欢他。

  孩子一直知道妈妈的病情，怕失去妈妈，对妈妈很依恋，特别照顾妈妈，比如吃饭的时候，一定要给妈妈夹菜，让妈妈一定要吃下去。母亲节的时候，孩子还送给妈妈一瓶蜂蜜："妈妈，希望你的生活像蜂蜜一样甜！"

  五年级的时候，他妈妈身体突然不太好了，就住进了医院接受化疗，不能回家。孩子只好住到爷爷奶奶家去。我们一方面担心孩子妈妈的身体，一方面担心孩子能否接受离开妈妈的生活，没想到，孩子的心态特别好，每天依然高高兴兴的，晚上会给妈妈打个电话，学习成绩也波动不大。

  今天接到孩子爸爸的电话，孩子的妈妈在春节前去世了。走得很平静，没受什么罪，像这种病到最后一般都很痛苦。孩子的父亲在电话里声音也算平静，但能感觉出非常痛苦。他说孩子一直都没有大哭，也没有想象的那样特别悲伤，只是眼睛里盈满泪水。孩子从一开始就安慰他父亲，总是劝父亲想开点，而且对父亲说："咱爷俩好好过。"孩子的父亲说孩子特别懂事，爷爷奶奶和爸爸都担心孩子会出现心理问题。我听了心都要碎了。

  王老师，作为班主任，作为他非常喜欢的班主任，我知道眼泪没有用。后天就要开学了，我应该怎么做才能帮助这个孩子？目前这个孩子的状况属于正常吗？现在孩子最好的朋友知道这件事，是不是让这个孩子不要告诉别的孩子？

小文

小文老师：

  我建议，至少最近一段时间，不要让其他同学知道这个不幸的消息。您也不要在大庭广众之下对他格外关心，要和没发生什么事情一样。但是私下要问寒问暖，表示关切。现在有两种可能：一种是，这个孩子很坚强而且豁达，那么他就可能较快度过这段心理危机，走上正轨，直到他的家庭出现新情况（比如父亲再婚），才会出现新问题。另一种是，这孩子表面上没事，其实心思很重，压抑在心中。那就麻烦了，可能出现较大问题。我主要害怕后一种情况。如果能见到这个孩子的早期记忆，我大概可以判断哪种可能性较大。请密切注意孩子的动态，若有反常言行举止，一定要加以研究，及时应对。

王晓春
2010. 2. 22

小文（2010-03-08）

  王老师，遵照您的建议，我和数学老师又商讨了一下，我们决定平静地对待这个孩子。

让人高兴的是，经过细致观察，这个孩子是属于第一种情况，孩子的父亲今天到学校来，也谈到孩子在家也很正常。我们会继续观察，争取让孩子健康快乐地成长！

您对别人进行帮助，心里一定很充实吧！

能认识您真好！

小文（2010-03-08）

另外，我们学校一位老师的爱人突然去世，孩子还在上三年级，我们一开始都很担心孩子的状态，可是，我们发现，孩子没有我们想的那么脆弱，孩子要么因为小，要么有一定的承受能力，反正还是比较正常的。

我的同事谈到自己的成长经历，她说："我爸爸在我8岁时去世了，我也难过，但是不像大人想的那样。"

大人的态度很重要吧，一个孩子判断一件事情会根据大人的态度来判断严重程度。

小文老师：

"大人的态度很重要吧，一个孩子判断一件事情会根据大人的态度来判断严重程度。"这句话说得好，这是一个重要的规律。一般说来，学生（尤其是小学生和初中生）的情绪是跟着大人走的，成人（重要他人）对孩子的情绪有明显的主导作用。其实大人也常常如此。比如我们会看到，在战场上，无论形势多么严峻，指挥官都要做信心十足状，他若沮丧，军心就崩溃了。也就是说，在人群中，领导者或强势人物往往主导着整体的情绪。这也就可见曹操常在山穷水尽之时哈哈大笑，不但说明此人性格异常坚强，而且说明他颇懂"心理学"。曹先生能称雄天下，不是偶然的。

教师在某种意义上也是指挥官。遇事您先别慌,大局就不容易乱,因为那帮小屁孩都在看您的脸色。

王晓春
2010. 3. 9

第四节　合理的期望值

美国教育学家温斯坦指出:课堂不是"均匀的水滴",课堂是由不同的"小环境"组成的,因此课堂管理的任务要随课堂环境的不同而有所变化。我觉得这话说得非常好。其实这就是要求教师因地制宜、因时制宜、因班制宜,对不同的班级、不同的小环境有不同的期望值。这属于老生常谈了,但很重要,因为人们经常违反这个原则。比如我们的学校领导通常就是用"均匀的标准"来评价"不均匀的课堂",而且多年来死也不肯改。为什么?因为这样做省脑筋,管理方便,对专业水平要求甚低。

随课堂环境不同而变换管理任务和策略,这对教育者的要求是很高的。我的同事给我讲过这样一件事。说北京有一所全国赫赫有名的中学的一位退休教师,被聘请到附近一所"赫赫无名"的普通中学去教课。这所普通中学自然对此名师寄予极大希望,而这位名师本人大概也觉得此事属"小菜一碟",可能连"准备活动"都没做,就大摇大摆地去了。一进教室,他就看见黑板没擦,桌椅不整齐,地上纸屑很多,学生说话的不少。名师没见过此种阵势,脱口而出说:"真没见过你们这样的学生!"然而,这些学生也没见过如此大惊小怪的老师,于是有人说道:"我们也没见过您这样的老师!"哇!名师自尊心严重受挫,大为震怒,拂袖而去,从此再也不干这份差事了。我估计他心里一定在骂:"孺子不可教也!朽木不可雕也!"殊不知普通中学的教师长年累月就是在和这种学生打交道。他们怎么活下来的?

所以,对重点中学和普通中学的课堂抱以同样的期望,既不明智也不公正。用同样的标准去衡量同一学校的重点班(实验班)和普通班,也是这个毛病。有的班级50多人,甚至100多人,有的班级只有30多人,能给予同样的期望吗?教室面积大小不同(人均占有面积不同),管理要求应该不同;班风不同,管理目标应该不同;课型不同(讲解课、讨论课、实验课、自习课),管理任务应该不同;教材不同,管理任务应该不同;教师个性不同,管理目标也应该有差异。如此等等。所以这些不同的课堂都需要研究,需要诊断,需要具体情况具体分析,而绝不应该幻想它们都"应该"具备相同的课堂气氛。

温斯坦还指出,课堂有文化差异。他认为主流美国教师与亚洲家长对学生课堂表现的期望有明显不同(见表1):

表1 比较主流美国教师和亚洲家长的期望

主流美国教师的期望	亚洲家长的期望
学生们应该参与课堂活动和讨论	学生们应该安静、服从
学生们应该有创造性	应该告诉学生们该做什么
学生们通过探索和辩论学习	学生们通过记忆和观察学习
学生们应该表达自己的意见,即使意见与老师的相矛盾	学生们不应该和老师的意见有矛盾
学生们必须问问题	学生们不应该问问题

(摘自:卡罗尔·西蒙·温斯坦. 中学课堂管理 [M]. 第二版. 田庆轩,译. 上海:华东师范大学出版社,2006:108. 对原表有改动)

这是不是事实?愚以为,确实有这样两种倾向。我们当然不能说所有的美国教师都是如此期望,也不能说所有的亚洲家长都是这般期望,但是就总的趋势来说,二者对学习姿态的期望确实不同。正是这种差别,造成了美国学生与亚洲学生的学习姿态的差别。相对来说，我们的孩子学习比较被动，而美国的孩子学习比较主动。

　　于是，你就明白推进素质教育、进行课改为什么如此艰难了。抛开体制问题和既得利益问题不谈，抛开素质教育和课改中的生搬硬套、食而不化不谈，单从文化角度看，素质教育和课改就会遇到难以克服的困难——我们中国学生所采取的学习姿态，是千百年传下来的，是教师所习惯的，家长所支持的，社会主流心态所认可的，要改变它，哪怕只是小小的改变，也会使众多的人失去安全感。某种学习姿态若已经固化为人们的生存状态，人们就会把异端的学习姿态看成洪水猛兽。

　　课堂气氛正是由教师的教学姿态和学生的学习姿态决定的，所以可以想见，作为中国教师，你对课堂环境的期望，既不能以美国的课堂为标准，也不能完全停留在以往的中国标准（鸦雀无声，万众一心）上，否则就会碰钉子，因为社会正在变化，学生正在变化。

　　愚以为，依照中国国情，我们的中小学课堂可以分成常见的四种类型，对这四种类型的课堂，教师应该有不同的期望值。我的分类标准，主要是依据课堂的纪律情况和听讲注意力集中程度这两条。

1. 方形课堂

　　这是一种规规矩矩的课堂形态，比较传统。不管班主任上课还是科任教师上课，学生都能守纪律，基本上注意听讲，只是略显呆板，不够活跃机智。经验告诉我们，创造性比较低的教师、性格比较内向的教师偏爱这种类型的课堂，而个性活跃、创新意识强的教师则未必喜欢这种课堂。我发现，似乎大多数教师对课堂的期望值都是这种方形的，而事实上常常做不到，教师因而很焦虑。要知道，方形课堂的形成，与班集体多数学生的性格气质有关，也与班主任的工作风格有关，不是谁期望一番，努力一番就能实现的。这种课堂类型一统天下的局面可能已经一去不复返了，而且它所占的比率也呈下降趋势。认识到这一点很重要。

2．水形课堂

这种课堂的主要特点是可变性，像水一样流动。今天这样，明天就可能那样；班主任的课这样，科任教师的课就可能那样；数学课这样，语文课就可能那样；上午课这样，下午课就可能那样；讲解式课型这样，活动课就可能那样。愚以为这种课堂类型其实是比较正常的，符合少年儿童性格变动不居的特点。教师遇到这种课堂，最好"入境随俗"，因势利导，而不要幻想课堂总是呈现出最好的一面给你看。有些教师刚在这种班级上几堂顺心课，就以为今后总会如此，没想到下一堂变了一个样，他们往往无法接受这个现实，因而大发脾气，后果很不好。这就属于期望值出了毛病，想得太美了。但是应对这种课堂，教师也并非无所作为，只能听天由命，不是这样的。经验告诉我们，水形课堂的变形往往有规律可循，教师如果能掌握其规律，就可以增加好课的比率。

3．锯齿形课堂

对于多数教师来说，这是一种比较别扭的课堂状况，有些教师走到这种班级门口甚至有过敏的感觉，上课铃响过了，也不愿进教室。为什么？因为这种课堂像锯齿一样，有尖刺，会把教师刺伤。尖刺又分两种。一种是智力尖刺，一种是纪律尖刺。智力尖刺就是学生经常提一些怪问题，似乎是要考验和检测教师的水平，总之，是在智力方面有些桀骜不驯。重点学校或者重点班，有些有这种情况，普通学校或者普通班如果有几个智力类型特殊而又大胆的学生，也会出现此种情况。水平比较高、应变能力比较强的教师不怕这种尖刺，甚至还可能欢迎，因为这可能是创造性的苗头。智商不够高、应变能力较差的教师就会很厌恶这种情况，他们总期望学生乖乖听老师的。另一种是纪律尖刺，就是课上总出状况，有些学生制造事端，挑战教师权威，藐视纪律和规则。这种尖刺是教师最头痛的。出现这种课堂状况，有可能是该班学生刺儿头多，也有可能是一些学生对教师有意见。遇到这种纪律尖刺，一定要深入了解原因并加以解决，用硬压的办法或笼络的办法效果不会好。锯齿形课堂，有些经过工作可以变得很好，有些则始终是疙疙瘩瘩的，教师只好在摩擦中前行，不要幻想多么美妙的结果。

4. 散沙形课堂

这是一种半死不活的课堂。其主要特点是学生各自为政，不和教师作对，但是也不理你，兀自在那里干自己喜欢的事情，就像懒羊羊与灰太狼。这种课堂确实让教师很恼火，但你千万不要期望值过高。有人以为搞点励志教育，煽风点火，学生就可以勇猛往上冲；有人以为搞点严格的制度，把尚方宝剑架在学生脖子上，他们就不得不奋力向前。经验告诉我们，没有这么好的事。这种课堂往往是由在座的相当一部分学生多年的无数失败塑造出来的，不要指望能够立刻改变。适当降低讲课难度，提高讲课的生动性，加强活动性，或许能使学生精神一些。总之，教师应该尽量努力改变局面，但不要幻想出现奇迹。期望值一高，教师就容易急躁，急躁则举措就会失当，自然适得其反。

以上说的是对班级整体的期望值。具体到那些破坏课堂纪律和学习气氛的个别学生，对他们的期望值也必须实事求是，否则同样会把课堂弄坏。这个问题需要专题研究，这里就不细说了。

下面举个课堂管理期望值的例子。

有位高中老师对我说，他的学生特别不喜欢晨读（学校规定晨读，而且要出声），然而早上教室里基本上听不见读书声，教师多次提醒才会有一点稀稀拉拉的声音。如果教师不去，比晚自习还要安静。在阅读课上，有时会播放名家的朗读，有些学生感到十分新奇，竟然笑出声来。早先的两届学生从来不会出现晨读寂寂的现象。教师采取的措施是：划定背诵任务，要求他们到小组长处背诵或者教师抽查，某些篇目甚至要求所有人都到教师处背诵。结果教师搞得很累。他问我怎么办。

我回答说："高中学生不爱朗读，可能与初中的习惯有关，与班风和班级学生的个性（内向的人多）有关，也可能与青春期有关（怕在同龄人面前出丑）。如果学校对读书声音大小并无强制性要求，你也就不必太强求，小声念也可以，甚至默读也可以，只要能达到背诵的目的就行。按说学习语言大声朗读是好办法，但是若已经形成不出声的习惯，教师只好适当让步，着急是不行的。不要满脑子"琅琅书声"，那会使您焦虑。或许您还可以鼓动少数同学稍微大一点声带一带。学校如果强制要求大声，恐怕您也没办法做到。硬逼学生大声喊，或许一天两天可以（表演给检查者看），风声一过，还会恢复原状，没有意义。总之，此事令人遗憾，但管起来吃力不讨好，建议您用主要精力去做更重要的事情。"

对课堂上某一具体活动（如出声朗读）的期望值，不但要实事求是，而且必须放在整个教育教学的大背景下来观察。我见过一些很不喜欢朗读的班级（唱歌更不喜欢，声音像蚊子），其实学生学得不错，整个班风也很好。千万不要孤立地看事情，遇到一件具体事就高喊"永不放弃"，盲目追求所谓"完美"。一定要从整体上实事求是地分析对待。

最后我要补充一点：无论什么样的班级，对学生自觉性的期望值，都不要太高。常有老师问我：为什么现在的学生自觉性这么差？我总是告诉他们说：因为他们大都是在"不需要自觉性"的环境中长大的，自觉性无从产生。

自觉，自觉，自觉是自己对自己的控制。如果家长和老师从小就把什么事情都管到了，孩子还需要自觉性吗？当然不需要了，等着你控制就是了。所以，宽松的环境下才能培养自觉性。过分严格的管理是无法培养出自觉性的。

很多家长和老师都以为，我从一开始就严格又严格，管得他习惯了，自动化了，就自觉了。可惜那并不是自觉，那是麻木和呆滞，而且那只有在非常封闭的情况下才有效，只有在孩子没有反抗能力的时候才有效，一旦孩子打开眼界，一旦孩子翅膀硬了，这种临时的秩序就崩溃了。他没有自我控制能力，家长和老师的威力又已经不足以控制他，剩下的自然只有放纵了。

所以在我们这里，越是高年级老师越倒霉，因为低年级老师已经把管卡压的办法用到了尽头了。

其实对于小孩子，本来应该管得宽一点，要求低一点，等他们越来越懂事了，再提高要求。我们这里正相反，年龄越小管得越严。小学要求人人90分以上，等到上了中学，及格就行了；小学要求正襟危坐，到中学甚至连学生能来上课就烧高香了。这就是我们的教育，给人一种欺小怕大的感觉。

呜呼！自顾自的教育，只管眼前业绩的教育，违反孩子成长规律的教育。

越不自觉越要严防死守，越严防死守学生越不自觉，课堂管理成了恶性循环。有办法跳出这个恶性循环吗？

我看只有逐渐放松。另一方面，对那些严重违反纪律的学生，该执行纪律的，做好工作之后，一定要执行纪律，不可以不了了之，否则就走向另一个极端，没有王法了。

第四章

如何创建有安全感的课堂

从这一章开始,我们要讨论课堂管理的目标,也就是我们通过管理究竟要建设什么样的课堂。愚以为主要目标是三个:建设有安全感的课堂、有秩序的课堂和有效的课堂,前两个是基础目标,后一个是最终目标。课堂上,师生有安全感,有秩序,才可能有效率。后两项目标教师们比较熟悉,第一个目标——建设有安全感的课堂,可能有些教师比较生疏,因为这里说的是心理安全,一般教师对此不够敏感。这个问题其实很重要,但往往被教师们忽略了。

第一节 什么是给人安全感的课堂

这里所说的安全,当然是指心理安全,而不是指一般的人身安全。"安全的课堂"这个口号非常重要,切中时弊。在我看来,学生在课堂上能做到基本上不焦虑,不恐惧,不孤独,这样的课堂才能称得上是安全的课堂。事实上我们的课堂能达到这样标准的并不多,因为很多教师只是"自我感觉良好",而课堂是否安全首先要问学生的感觉。现在厌学生比例这么大,问题生日渐增多,有的学生已经发展到了学校恐惧症的程度,说明大批学生在课堂上并无安全感。你去询问过来人,会发现许多成年人的上学经历都是不愉快的,有的甚至不堪回首,他们巴不得不再提起上学时课堂上的情景。学校给他们留下的最美好的印象,往往是课下的活动、与同学的交往。

其实我们每一个人几乎都有这样的经历,害怕学校,不愿去上学。记得我上小学时曾有个同学非常厉害,总是要打我,我很害怕,又不敢对母亲说,至今想起来还心有余悸。上初二的时候,我的一个造句和另一个同学恰巧字句相同(先念他的,后念我的),语文老师没有任何证据,也不加询问,就怀疑我是抄他的作业(我从不抄袭他人作业,而且语文学得很好,完全没必要抄别人的)。我很愤怒,当堂摔了铅笔,激怒了老师(这位老师姓马,我就不说他的名字了)。他报告了班主任(班主任姓王)。班主任居然不查清事实真相,单凭我的态度就停了我的课,还组织全班同学批判我。于是我打算离校出走(那时我住校)以示抗议。我左计划右计划,忽然想起了母亲,只好流着眼泪放弃了出走的想法。这是1957年的事情。时至今日,我想起此事仍然觉得可悲。此事之后,我对这个班就没有多大兴趣了。我对这几位老师仍然有礼貌,但也就只是礼貌而已。这个班级,这种课堂,这几位老师,对于我,都是不安全的。幸亏当时男女分班,如果有女生,青春期的我,为捍卫人格,有可能做出更骇人的事情来。我还记得那时教导主任训我一顿之后,我临走给他鞠了一躬,他动也没动,我立刻质问他:"我给您敬礼,您为什么不还礼?"这位主任说不出话来,目瞪口呆,诧异到了极点。我至今还记得他的表情。他可能没见过我这样的学生。这个学校里我最喜欢的老师是数学老师和物理老师。为什么?因为我上他们的课时，心里踏实，觉得没有危险。其实我那时不是坏学生，不是问题生，各方面的表现都说得过去。像我这样的学生都感觉不到课堂的安全，其他同学可想而知。

有一位教师在网上向我提了这样一个问题："老师让学生放学留下来，他却撒腿就跑，根本不听老师的话，如何处理？"这位教师可能需要站在孩子的角度想一想：撒腿就跑是否意味着很害怕？有可能。然而教师却只认定学生"不听话"，也就是说，教师只对自己的心理安全敏感，对学生的心理安全很麻木。这恐怕不行，不符合我们的职业要求。要知道，当你心目中的学生是"不听话"的孩子时，你在学生的心目中有可能是个"很可怕"的教师。我初中时的经历不就是这样吗？

美国的一位教育者说：

对太多的学生来说，学校是一个让他们感到羞辱、威胁，受到嘲笑、折磨、取笑，让他们觉得无能为力的地方。想一想什么时候学校对你是可怕的。如果你牢记这些时刻，并尽力保证它们永远也不会发生在你自己的学生身上，你就已经开始创建一个更安全、更有爱心的集体。

（摘自：卡罗尔·西蒙·温斯坦. 中学课堂管理 [M]. 第二版. 田庆轩, 译. 上海：华东师范大学出版社，2006：87）

我觉得他说得很实在。要做到这一点其实并不容易，起码要求教师有将心比心（或换位思考）的能力，而据我观察，中小学教师的这种能力普遍很差。你看教师们的发言，说的全是自己的感受，至于学生有什么感受，对不起，没留心。有的教师甚至以让学生难堪为己任，说话特别噎人，连损带挖苦，骂人不带脏字。还有的教师，发现学生听讲走神，就把他叫起来回答问题，弄得学生很狼狈。非要这样吗？不可以采用其他办法提醒他注意听讲吗？有的教师上课满脸凶相,搞得学生一上他的课就浑身不得劲,巴不得赶快下课。而上公开课的时候他忽然一反常态,满脸笑容,结果学生更害怕了。我想,如果学生见到教师走进课堂有一种类似"迎接领导"、"接受审判"的感觉,这个课就完全失败了。课堂是讲知识的地方,不应该充满行政气氛。

我们的课堂,明明对很多学生来说都是不够安全的地方,可是你看,我们的调门却很高,不少学校提出了"快乐教学"的口号。快乐教学没有什么不好,我赞成,能快乐为什么不快乐?然而我要说的是,先生之志则大矣。如果学生连安全感都得不到,何谈快乐?所以快乐问题不必太着急,先安全再说,能安全就不错了。我若上课,首先努力做到学生不讨厌这个课,不害怕这个课,不想逃避这个课,能做到这一点,我就觉得自己够了不起的了,然后我再努力使一部分人喜欢这个课,在课上得到快乐。我们要少唱高调,多做实事。

有一种缺乏安全感的现象,教师容易忽视,那就是"孤独"。有孤独感的学生往往不破坏纪律,不和老师作对,但他们在课堂上心情很不好,没有朋友,与人很少交流,他们走进课堂的感觉像走进沙漠一样。教师只要留心,就能发现这种孩子,他们的脸上写着冷漠和失落。课堂对于他们是不安全的,要建议他们去找心理教师。

说到这里,有些教师可能会质问我:学生都安全了,他们都满意了,我的安全感谁管呀?学生想干什么就干什么,教师的安全感何在?

天有不测风云,月有阴晴圆缺,人有悲欢离合,谁都不可能生活在绝对安全之中。人需要安全感,正是由于生活中有不安全的因素。所以,我们所说的安全感,标准是一般人能够忍受的平均值。压力或威胁超过了这个平均值,我们就会失去安全感;没有超过这个平均值,即使有压力或威胁,我们也不会失去安全感,甚至还可能因此获得前进的动力。所谓"人没压力轻飘飘",就是这意思。因此,给学生适当的压力是正确和必要的,关键在于掌握火候,而掌握火候的关键又在于"己所不欲,勿施于人"。

课堂上,学生需要安全感,教师也需要安全感。但是相对说,教师应该首先照顾学生的安全感,因为教师是成年人,心理应该比孩子更成熟。然而常见的情况却是,课堂上只要有学生小说小动,教师马上就焦虑起来,失去了安全感,而他把学生骂得几乎无地自容,却没有感觉到学生失去了安全感。这是不公平的。而且事情发展的辩证逻辑是:只要学生严重失去安全感,教师自己的安全感也将失去。因为失去安全感的学生有的会发泄自己的不满,有的则会变得神经质(也就是管不住自己了),这势必造成课堂的混乱,最后是教师走进课堂就头痛,甚至视教室为畏途,还没进教室就先紧张。这就成了互相感染,师生都失去了安全感,成为所谓"乱堂"。

这就告诉我们,教师既不要片面追求自己的课堂安全感,也不要过分迁就学生的课堂安全感,而要在宽严适度中找到课堂的"安全点"。

我们来看一个例子。

雄关漫道真如铁(K12 班主任论坛,2009-07-08)

"人活一生究竟为了什么?时常这样问自己。最近感到好累好累。上了高中后,我感到了无形的压力,好疲惫。从未有过的不开心和不快乐。以前梦想着考大学,可现在对生活,对未来不抱任何希望。总以为,凡事认真了,不做自己不想做的事,不做让父母担心的事,我就可以感到快乐,可自己似乎错了。以前的确是对自己能考上大学充满信心,可现在是愈来愈没信心了,真不知道自己的未来是否能如自己所想象的那么美好。有时常问自己,自己长这么大,到底学到了什么……"

这是一个高三的学生 H 的心情自述（在 QQ 日志上发现的），守纪律的学困生的普遍困惑，这种学生每年都会遇到不少。所以这个问题也算有点普遍性。怎么开导她？

这个学生是我现在教的学生，再过几天就高考了。班上 50 多人，正常情况下就一半（或不到一半）能考上大学。能考上重点大学的应该只有几个人。H 同学是个内向的女孩，学习理科吃力了些，成绩不太好。

王晓春答

愚以为这个孩子的迷惘、恐惧与我们的教育失误有关。我们总是这样教育学生：只要你努力，就能达到目的，只要你听家长和老师的话，做事态度认真，你就能收获快乐和幸福。这些话其实都是不全面的，或者说是不科学的，说得难听一点，这些话在一定意义上可以说是骗人的。本来成功也好，快乐也好，都是由很多因素决定的，我们却只片面宣传其中一两个因素，老实听话的孩子相信了我们的话，却得不到我们许诺的结果，他当然就百思不得其解了，弄不好还会崩溃的。

我们的"励志"教育往往是"一根筋"的、机械的和非常片面的，这样肯定会造就一大批"失败者"，他们还没开始人生，就已经失望了。

我希望教师勇敢点，向学生承认，我们历来的教育是有所偏颇的。然后帮他们一个一个地找到适合自己的人生道路，寻找自己的幸福（这需要一个一个地去诊断）。要告诉他们，人生意义也好，幸福也好，都不要迷信老师和家长的"标准答案"，而要自己去找。当然，要以不损害他人为底线。

这是一种心灵的解放，既解放了教师，也解放了学生。如果从小学开始教师就向学生宣传全面的观点，或许对眼前提高学习成绩有点不利，但是到了高中，就绝不会出现这么多迷惘者。我们的教育是短期行为，为了眼前的分数，毁坏了多数孩子未来的人生色彩。这是应试教育最可恨的地方。

如果教师继续坚持自己的僵化观点，那就走进死胡同了，师生会同时出现心理问题。这种现象很普遍。

2009.7.9

这个学生严重失去了安全感，学校教育有责任。实际上可以说这是成年人（家长和教师）为了自己的安全感制造了孩子的不安全感。不信你看：只要有个学生公然宣称他不想考大学了，教师和家长就立刻惶惶然不可终日，严重失去安全感。只有每个学生都立誓考名牌大学，而且整天做伏案苦读状，教师和家长才放下心来，获得了内心的安全感和满足感。然而这些孩子都能考上吗？我们都知道，那是不可能的，有的人甚至根本没有希望。大批的学生就这样被迫做着自己明明做不到的事情，有何安全感可言？所以，孩子们实际上是为了成人的安全感牺牲了自己的安全感。这种局面应该扭转，这种课堂必须改变，否则会造成一系列的校园问题和社会问题。

第二节 创造非胁迫性的课堂气氛

上一节我们说到，学生在课堂上能做到基本上不焦虑，不恐惧，不孤独，这样的课堂才能称得上是安全的课堂。而要做到这一点，教师在课堂上有意识地创造一种"非胁迫的气氛"是很重要的。这个提法是我在美国的一本课堂管理的书上见到的。

所谓"非胁迫",即"不威胁,不强迫"。"非胁迫的气氛"这个口号也太不振奋人心了,如此要求"人类灵魂工程师",岂不是大材小用、标准太低了吗?似乎是的。我发现美国教师提的口号调子常常比较低,不像我们,要说课堂,那得提"诗意课堂"、"春风课堂"、"百花园课堂"、"亲如一家课堂",都是高调,赏心悦目。然而细想起来,他们的提法自有优点,不脱离实际。我要是学生,我对课堂的首先要求肯定是安全感。连安全感都没有,我如何体验课堂的"诗意"?要的是雪中送炭,而忙雪中送花。我若冻得要死,哪有闲心欣赏花儿朵儿?

我们来看一位美国中学教师怎样在课堂上创造"非胁迫的气氛"。

桑迪努力在自己的班上创造出一种适当的非胁迫性气氛。比如,在开学的第一天,她给学生每人发了一张索引卡,要求他们回答四个问题:(1)你怎样才能学得更好?(2)你希望化学课上哪些东西让你激动?(3)你对什么感到紧张?以及(4)我可以怎样帮助你?

(摘自:卡罗尔·西蒙·温斯坦. 中学课堂管理 [M]. 第二版. 田庆轩,译. 上海:华东师范大学出版社,2006:12)

请注意,桑迪老师的这四个问题都是询问,而不是"教导",是想知道对方的感觉,而不是告诉对方"你应该"如何如何。问题本身就是平等的、不施加压力的、非胁迫性的。尤其"你对什么感到紧张"这个问题非常好。教师只有知道学生害怕什么,才能有意识地避免什么。我非常遗憾地发现,我们有些教师正好相反,学生越是怕什么他越是来什么,为的是控制住学生,让学生不得不照他的话去做。也就是说,这种教师恰恰是"胁迫性气氛"的爱好者。

我看不但中国如此,美国也差不多,否则美国的教育学家不会在自己的著作中把桑迪这类做法当作先进经验来宣传。为什么差不多？因为大家实行的都是义务教育。所谓义务教育，就是强制教育，非自愿的教育，就是你不上学不行，这本身就是胁迫性的。在此种胁迫性的大气候下，教师要创造"非胁迫性的课堂"，当然是件不容易的事情。正因为不容易，所以只有优秀教师能做到。

遥想当年，苏格拉底的教育是非胁迫性的，孔子的教育是非胁迫性的，因为那些学生都是自愿来上学的。后来我国的书院，也比较有非胁迫性气氛。私塾就差一点了，因为很多孩子是奉家长之命上学的，但私塾的教师对学生的压力还不算太大，因为私塾没有升学指标。学校教育一诞生，胁迫性就比较高，后来，当行政部门对学校进行指标管理的时候，这种胁迫性就非同小可了。教育异化了，本来学校和教师应该是帮助学生发展自我的，现在反过来了，学生成了完成学校指标的工具，主客颠倒了。于是就要搞各种评比，就要搞分数排队，用各种管卡压的手段，胁迫学生达到教师的要求。本来分数高低、学业优劣是学生自己的事情，现在不然，家长和教师比孩子还着急。皇帝不急大臣急，皇帝越不急大臣越着急，大臣越着急皇帝越不急（对不起，快变成绕口令了），于是大臣只好加紧胁迫皇帝，吓唬皇帝，控制皇帝。君臣矛盾日益激烈，谁都活得难受。

在胁迫性的大气候下，有办法创造非胁迫性的课堂小气候吗？桑迪的做法告诉我们，这是有可能的。我国有很多优秀教师也能做到这一点。战略上胁迫，战术上却可以不胁迫或少胁迫；战略上强制，战术上却可以不强制或少强制。这并不费解。当年毛主席不就说过"战略上的持久战和战术上的速决战"吗？这里有个思维方式问题。教育是高度复杂的事业，要求教育者能辩证地思考问题，可惜我们很多老师头脑硬邦邦，想事直通通，不是黑白分明就是走极端，所以总是碰钉子。从社会的角度看教育，当然需要强迫；从孩子的角度看教育，胁迫就越少越好。你看桑迪老师向学生提的问题，就是以学生为主体的思路，着眼于调动学生自己的主动性和积极性。这种办法，可以有效地减少胁迫性。

我们再看另一位美国教师用什么办法避免课堂上的胁迫性气氛。

我对学生说，我们的课堂是个圣堂。他们必须先界定这个词（"一个安全的地方"），然后我们一起进行头脑风暴，寻找"怎样才能使课堂变得安全"这一问题的答案。大家讨论的结果都列在公告栏上，而且都必须得到尊重。如果有谁伤害了别人的感情，我会马上停下来问："我们的课堂是什么呀？"学生就会回答："是圣堂。"我会这样不断重复，直到学生都学会了，而且会互相提醒："嗨，安静！这里可是圣堂。"我并不认为这条策略一旦实施就马上会有效果，但学生确实看重课堂上的安全感。一开始这可能只是个玩笑，但慢慢地就变成了产生舒适感的源泉。过去从不大声朗读的学生现在愿意在全班面前朗读了，因为他们知道，即使自己犯了错误，也没有人会嘲笑自己。

(摘自：雷内·罗森布拉姆－洛登. 你必须去学校，因为你是教师——250条使你的工作变得轻松愉悦的课堂管理策略 [M]. 郑丹丹，译. 北京：中国轻工业出版社，2008：55)

这个管理策略非常重要。这是软管理，是一种班级文化、课堂氛围。如果教师能想办法让学生感觉到课堂是个神圣的地方，不可造次，不得无礼，那么很多问题都会迎刃而解，有些事则根本不会发生。经验告诉我们，一个人无论多么不拘小节，他在佛堂庙宇都会有所收敛，他在博物馆不会大喊大叫，他在图书馆会轻声细语。为什么？因为那里有一种庄重严肃的氛围在无形中约束他。我国古代也很重视这件事，读书前要焚香沐浴，书院里充满宁静的气氛，处处让你感觉这是斯文之乡，弦歌之地，不同于市井。教师千万不要小看这种东西，此事有战略性的意义。

但是，这件事做起来并不容易。美国教师可以借助宗教文化，把课堂说成"圣堂"，便于学生把教堂的气氛迁移到课堂上来（西方教堂确实有一种庄严安全的气氛），我们这里不能这样做，我们基本上没有宗教传统。所以教师就要另想办法，比如说可以把自己的课堂命名为"杏坛"（孔子讲学的地方），或者借一个历史上有名的书院的名字来，提升课堂的品级，逐渐养成大家的自尊和自信。这既不是胁迫，也不是放任自流，而是用无形的渗透影响学生。

此事千万不可急躁，它不会立竿见影的。开始确实有点像玩笑，但是时间久了，你就会发现它在不知不觉中发挥了作用——你的学生日渐斯文。朗读古代经典（比如唐诗），也有这种作用。关键是坚持。

下面这种做法就不妥当了。这是公然用群众性的胁迫手段控制课堂，也许能有眼前效果，但是会给学生带来不安全感。

有一位老师因为家中有事，班级管理有些放松，一个月下来课堂上说话的学生较多，纪律明显下降，班里乱了套。问是谁违纪，说不清。于是教师专门抽一节课，要求大家投票"选出"违纪的学生，并简单写明是在哪方面如何违纪的。然后教师在班上公开统计票数，5票以下的不做批评，5票及5票以上的进行单独询问、批评教育，促使反思，三个违纪特别严重的通知了家长。

这位老师在网上发言，希望我评论他的做法。我回答道："感觉您是靠群众揭发和舆论施压来维持纪律（发动群众对付'不良现象'），这种办法也是教师们最常用的，有点像'文革'中的'大批判'。可能学生年龄小的时候还行，年级高一点怕就不灵了。班风稍差，教师威信不高，这种办法也不可用，用了会更糟。我个人对这种管理思路持怀疑态度，因为这样可能会激化学生之间的矛盾，无法培养自觉性。不过这种办法有时能迅速见到表面效果。"

有些老师会问，教师在课堂树立正气，打击歪风邪气，难道不对吗？对，但是最好做得温和一些，不到迫不得已的时候，不要剑拔弩张，以免形成胁迫性的气氛。我们可以搞"暗中支持"，这是非常重要的一个策略，而且不难掌握。我希望每个教师都能自觉运用这个策略。

多年前我做班主任的时候，如果发现班级不稳，我就会把班里的骨干和最老实、最沉默的学生（约占班级人数的 1/4~1/3）召集起来开会。我对他们说："我不要求你们和坏人坏事做斗争，也不要求你们向我反映捣乱生的情况，你们只要管好自己，对扰乱班级的言行不理不睬，就是对我最大的支持了。"这种办法效果相当好。因为我提的要求不高，容易做到，而一旦做到，我就有了根据地，后院不着火，进退都从容。我把这种学生称之为"定海神针"，用当年的语言说就是"基本群众"。他们很不起眼，却是班级的栋梁。毛主席总是说要"相信群众"，此话含义很深。眼里没有基本群众的教师，不是好教师。

还有，你会发现有些问题生（男生）捣乱，显示自己，是给女生看的。青春期的孩子，这种事不奇怪。我的对策是把班里最漂亮的女孩召集起来开会。我对她们说："拜托各位，如果有人在课上逞能，你们只要像木头人一样毫无反应，脸上没有任何表情，就是对我最大的帮助了。我先谢谢！"这招很灵，那些捣蛋鬼很快就扫了兴，有所收敛了。我把这一招叫作"木头人"。

我这两招其实和美国洛登老师说的"暗地里的支持"是一回事。对于学生来说，同龄人的反应是极其要紧的，抓住了这一点，就抓住了牛鼻子。很多老师与问题生"单挑独斗"，这不是明智的战术。要善于发动群众，解决捣蛋生的土壤问题。各位一定要记住，离开了一定的土壤，问题生就不是问题生了，至少在一定程度上是这样。

网上有一位老师看了我上面的发言，有不同的看法。他斗志昂扬地说：

呵呵，我是让学生光明正大地支持我。经我工作和教育后，许多同学会异口同声地指责破坏课堂纪律和捣蛋的学生："人至贱则无耻！"

对此我回复道："愚以为这不是教育者应该做的。暗中的支持，实际上是温和的教育，给犯错的学生留有余地，照顾他的面子，保护他的人格，有利于他的反思。这位老师让学生公然指责犯错者'无耻'，有辱人格，很不合适。用'文革'中流行的语言来说，教师所做的事情，实际上是'挑动群众斗群众'，很有压服的味道和公审的味道。这种办法，势必造成一些学生说假话讨好教师，而遇到厉害的问题生，他就要激烈反抗，可能出状况。所以，此法在策略上不可取，太莽撞了。"

这有点"语言暴力"的味道了。这位教师的此种策略显然是要在课堂上坚决地制造"胁迫性气氛"。教师公然站在问题生的对立面，一副亮剑的架势。愚以为，此种办法，不可轻易使用。

有时候教师在课堂上给学生造成胁迫式的压力，并不是故意的。教师一片好心，但没有设身处地为学生着想，效果也不好。

某校高二新分班，一个学生从原2班(实验班)分到4班(普通班)。学生找到新班老师，说自己感觉怪怪的，但也说不上是哪儿不适应。聊着聊着，他终于说出一个自己很不适应的方面——座位。

他比较高，从小学到现在，从未坐过第一排，而教师安排的新座位，是新入这个班的同学基本都坐在前面。他们猜想："老师是不是对我们新入班的同学不放心呀？"

教师解释道，不是你们想象的那样，老师一是考虑你们刚入一个陌生的集体，要有一个过渡期，还让你们原班的同学坐在一起；二是想让你们给本班同学做榜样。这个学生还是不愿意，于是教师答应下周一给他调整座位。

此事我这样看：从实验班降到普通班，不是多么有脸面的事情。一般人遇到这种事，比较正常的心态是赶快混进人群，最好大家谁也别提这件事。可是这位老师却偏偏把这些"失败者"集中起来，而且安排到前面的座位，弄得更显眼了。这是不是有点"往伤口上撒盐"的味道？反正我要是新来的，我会感到很难堪的。

我若是班主任，会一声不响、若无其事地把他们打散排座位，至少在一个月之内，绝口不提实验班之事——让孩子养养伤口。

所以，教师要注意，有时候我们可能在不经意之间就在课堂上制造了某种胁迫性的气氛，伤害到了学生。避免这种失误的最好办法是经常听听学生的呼声，少点"想当然"。

第三节　不要用分数给学生加压

在我国，要在课堂上创造一种非胁迫性的气氛，最大的障碍是公布考试分数的做法。这是压在学生头上的一座大山。

我们听听两位美国教师对公布考试分数问题的想法和做法：

……大多数青少年不想让别人知道他们得了不及格的分数；公开宣布分数不大可能激发动力，反而会激起反感。即使只宣布得A的同学的名字，你也会使学生尴尬。我女儿有一次大获羞辱，当时她的老师在全班面前举着她的卷子宣布："很明显，只有劳拉是认真学习的！"这样的说法对那些通常得D，但真正通过努力得了C的同学传递了什么信息？桑迪（一位中学老师——王晓春注）发回学生的试卷时，告诉他们在教室里为自己的分数保密："不要问别人分数，也别把自己的分数告诉别人。"一旦离开教室，如果他们希望泄露自己的分数，那是他们自己的权利。

(摘自：卡罗尔·西蒙·温斯坦.中学课堂管理 [M].第二版.田庆轩，译.上海：华东师范大学出版社，2006：64—65)

不知大家是否注意到了，只有那些得到高分的学生会在教室里跟别人大声嚷嚷："嗨，托姆尔，这次考试你得了多少分？"而考试不及格的学生却极少会这样做。

我告诉学生，他们可以把自己的分数告诉别人，但不可以当众询问别人的分数……

(摘自：雷内·罗森布拉姆-洛登.你必须去学校，因为你是教师——250条使你的工作变得轻松愉悦的课堂管理策略 [M].郑丹丹，译.北京：中国轻工业出版社，2008：130)

为什么我们的教师对公布考试分数如此情有独钟？这是一个很有必要研究的课题。

因为这些教师只相信压力，不相信学生会自觉主动地学习，只相信外因驱动，不相信内因驱动。说来有趣，我们谁都会背"人之初，性本善"的格言，骨子里却并不相信这个，至少在学习上，我们差不多认定学生都是"性本恶"的，不逼不学。所以自古以来我们的蒙学就是死记硬背，背不下来打手板，这属于暴力教育。近代以来，社会进步了，体罚不时兴了，现在独生子女宝贝得要命，家长、教师更是不敢动他一根毫毛。暴力不成了，可是头脑中的"压力论"和"外因论"的思维方式并没有改变，于是"精神暴力"就顶替了"身体暴力"的位置，担当了施压的主要角色。如今在家庭和学校，精神暴力的主要手段是两个：一是语言暴力（贬损、挖苦），二是分数排队。我无法用竹板打孩子手心，就改用精神的鞭子抽打他的心。

所以在我们这里，分数是不能保密的，一保密教师的工作就没有"抓手"了。不但不保密，还要大张旗鼓地公布出来，还要排队，美其名曰"培养竞争意识"。其实这种办法说穿了就是使低分生"丢人"，让高分生"露脸"，以此调动学生的"积极性"。细想起来，这是不文明、不人道的。要让每个学生都能活得有尊严，就不应该这样公开他们的考试分数。

高分生永远是少数，公布考试分数的办法肯定会使课堂对于多数学生成为不安全的地方，这是学生厌学的一个重要原因。人不可能喜欢一个自己感觉不安全的地方，孩子更是这样。不仅如此，这种做法还人为制造了矛盾。高分生很可能看不起低分生，低分生则很可能嫉妒甚至仇恨高分生。低分生会疏远教师，低分生的家长会疏远学校，开家长会不爱来。你想，开家长会我坐在我孩子的座位上，面前摆着我孩子的考试卷子，红笔写着不及格的分数，后面黑板上赫然公布着我孩子的名次，倒数第几名。我还有什么脸面坐在这里？我巴不得找个地缝钻进去。教师可能会说，既然家长知道丢脸了，为什么不早点抓紧孩子的学习？这话没道理。我抓紧，孩子成绩上去了，我摆脱了困境，肯定又有别的家长掉下去了。总之，这种政策必然使部分家长生活在焦虑之中，而且失去尊严。家长一旦处于这种窘境，大多数人会愤怒万分，这下孩子可就惨了，家长一般回家后都要对孩子施暴（有的老师还真希望这样，身为教师不敢打学生，就激家长的火）。如此挑动亲子矛盾，作为教育者，应该说是很不光彩的。你不要以为高分生和家长就一定感谢教师，未必。有些高分生很不愿意教师当众表扬他。为什么？因为这可能使他孤立，就像《中学课堂管理》一书的作者温斯坦的女儿劳拉，教师说"只有劳拉是认真学习的"，这是把她架在火上烤，因为这样表扬她，等于把别人都骂了。还有些高分生成绩一旦下降，达不到家长的期望值（其实有些家长的期望值本来就脱离了孩子的实际），家长就会迁怒于教师，说教师没教好。这时候教师就会感到很寒心，面对高分生或低分生，自己两面不是人。于是课堂对于教师也成了不安全的地方。

很多教师都说，目前这种分数排队的办法是学校领导逼出来的，是这样的，但又不全是这样的。即使学校完全不要求教师公布考试分数，甚至禁止这么做，我相信很多教师也还会这么做。为什么？因为一旦不允许他们用这种办法施加压力，他们很可能就不知道该干什么了。他们不会其他方法。这才是更重要的问题，教师素质问题，专业技术水平问题。低水平的工作办法其实是与教师的低素质相适应的。于是你就会明白为什么早就有人主张把考试分数当作学生隐私，至今却很少有人理睬了。

经验告诉我们，光宣布考试分数为隐私是绝对不够的。教师们会问，不让我公布分数，我还抓不抓学习成绩？怎么抓？这些问题，必须认真回答。在废除某种做法之前，必须找出替补方案，事先对教师进行培训，否则这类口号是行不通的。用行政手段强制推行（有些省市已经这样做了），也只能表面上热闹一阵，最后还是不了了之。教改的很多做法都是这种命运，这是应该吸取的教训。

我们的中小学教师对于启发学生积极主动学习这件事太生疏了，这也确实是一件科技含量较高的事情，远不如公布考试分数给学生及家长施加压力省事。而且，两个平行班，一个班采用胁迫性的办法，公布分数，施加压力，另一个班采用启发学生积极主动学习的办法，即使后一个班的教师做法完全正确，其眼前效果一般也会比前一个班差，因为调动内因是慢功，而外部加压则比较速效。如今社会很浮躁，领导又急功近利求"业绩"，他们当然不会鼓励教师"慢工出细活"，也不会在意公布考分外部施压的办法对孩子若干年后有什么害处。他们对孩子有没有安全感是很麻木的。即使你很缺乏安全感也没关系，只要眼前你能考个好分数就是我的成绩，至于你上了名牌大学之后是否得抑郁症，会不会跳楼，我就不管了。

所以我认为，停止公布学生成绩，停止分数排队，这件事做起来很难。不如先找一些班级或学校做试点，让他们总结出另外的促进学生努力学习的经验（不是只靠陈词滥调的励志教育），再行推介。有的人以为只要一改变评价标准就行了，这又是幼稚的想法。改变评价标准并不能改变教师的教育理念和思维方式，改变评价标准并不能提高教师的专业水平，教师素质的提高，需要采取另外的方法。

那么，结合我国国情，目前我们要克服分数排队的弊端，具体应该怎样做呢？我想，可以这样试一试：

（1）停止公布学生的任何考试分数，尤其不可以排队。这一点不难做到。

（2）有些学生想知道自己在班级和年级的位置，以便做升学参考，这是合理的要求。告诉学生，可以到教师那里去查。查的时候，教师只告诉学生他自己在班级和年级的名次，不说明其他人的情况。

（3）家长如果想知道自己孩子的成绩和名次，也可以查，或者干脆学校将此信息通知家长，不过也是只告诉他孩子的情况，不说明其他孩子的成绩、名次。家长是孩子的监护人，家长有权知道自己孩子的考试分数和名次，此事不可对家长保密。有些孩子宣称分数是隐私，家长无权过问，这是错误的。

（4）告诉学生，你不可以打听其他同学的考试分数和名次。如果人家自愿告诉你，教师不管，但若人家不愿告知，你就不应强问，否则属于侵犯人家的隐私权。未经本人允许，不得向任何人传播同学的考试分数信息。

这样做的好处是，既可以让学生及家长了解考试成绩的真实情况，又可以避免人际争斗，避免低分生产生不安全感，也避免高分生滋长虚荣心，创造一种少污染的课堂气氛，大家都活得更有尊严。

但也许会有些习惯于外力推动的同学学习上有所放松，教师要早做预防，及时做个别工作。

这种办法，可以试验一下，如果利多弊少，就可以向教师推荐。但我不主张用行政力量强行推广。在一个学校里，可以让教师自由选择，两种做法自由竞争，优胜劣汰。你应该相信，符合教育规律的做法，从根本上说，也会符合师生的利益，多数人一定会做出正确的选择。这样，我们就能创建更安全的课堂。

最后，附带说一个相关问题——课堂提问。这里也有个安全感问题。教师提问，学生举手，答错了，教师立刻拉长了脸："你坐下。"这还是客气的。有的教师还要说点挖苦的话，你让孩子脸往哪儿搁？教师的这种做法，也会破坏学生的课堂安全感。

于是你就会明白为什么学生年级越高越不爱发言了。小学生举手如森林，初中则像砍伐过的林区，到高中就剩几根秃电线杆子了。很多教师都埋怨学生不积极主动发言，他们大概没有想过，学生发言的积极性正是众多教师齐心协力经过多年的努力一步一步扑灭的。最后剩下的，就是那几个"发言专业户"了。为什么学生不爱发言？很可能是因为他们缺乏安全感。

第四节　对学生既要尊重，又要限制

前面三节谈的是课堂要给学生以安全感，要创造非胁迫性的课堂气氛，要把分数排队的大山从学生头上搬掉。有些读者可能会问：你怎么处处替学生说话？这是不是在放纵学生？是否学生在课堂上想干什么就干什么，他们就觉得"安全了"？

非也。事实上学生所要求的"安全"并不是放纵，我们要相信学生是通情达理的，他们知道上学校干什么来了。学生不但希望教师尊重他们，而且希望教师对学生的错误行为加以限制。学生并不是无政府主义者。

如若不信，请看美国学生对教师的希望。美国学生总的来说比中国学生要自由散漫，个性更突出一些，这是大家公认的。

在与这四位教师接触的同时，我开始对学生们在班上的感觉感到好奇。……在每个班，教师都离开教室，因而我和学生们交谈得更舒服些。我解释说，我想就课堂管理听听"学生的看法"，要求他们书面解释"为什么孩子在有的班表现良好？""为什么孩子在有的班行为不端？""孩子们在这个班的举止如何，为什么？"写完自己的答案后，大家讲出各自的想法。

不同班级的学生显示出了惊人的一致。不管是9年级或12年级，基本技能班还是高级班的学生，他们的答案反映了三大主题（指尊重、激励和限制——王晓春注）。首先，学生强调了教师关心和尊重学生的重要性。他们谈到"能欣赏我们青少年生活方式"的教师，"努力认识和了解我们"的教师，"创造信任"的教师，"帮助你，为你解释你想知道的东西"的教师，以及"与你合作，而不是捣乱"的教师。
……

正如一名学生所写：

> 有时，如果老师从第一天起就要求学生尊敬，而不是赢得学生尊敬，学生会不喜欢他。如果教师不考虑学生的感受，他们不会喜欢他/她的。学生们总是这样做的。不喜欢＝不良举止。

（摘自：卡罗尔·西蒙·温斯坦. 中学课堂管理 [M]. 第二版. 田庆轩, 译. 上海：华东师范大学出版社，2006：18）

请注意学生对教师最基本的希望是，教师要了解他们，尊重他们，而不是"爱"他们。我觉得这一点非常重要。教师不了解学生，不尊重他们，也可以"爱"他们，但是这种"爱"太可怕了，孩子无法享受。据我所知，中国的学生在这一点上和美国的学生看法是相同的，年级越高越如此，不信各位可以到学生中去调查一下。我们很多教师处理学生问题时，根本不顾及学生的想法和感受，甚至完全不想知道其想法感受，就主观地"动之以情，晓之以理"，自以为是在"爱"学生，或者把其做法很方便地用"爱"包装起来。为什么教师们对"师爱"比对"尊重"更热衷？原因就在此。说得不客气一点就是："爱学生"的提法比"尊重学生"的提法更容易包藏教师的私货。站在学生的立场上，他们就会觉得"您最好先别说什么爱不爱我，我最希望的是您能尊重我"。

有趣的是，越是不强调尊重学生的教师，往往越强调让学生尊重（岂止"尊重"而已，还要"尊敬"）他。这位美国学生说得好，教师不应该"要求"学生尊敬，而应该用自己的行动"赢得"学生尊敬。很多教师总是把"尊师重教"挂在嘴边，愚以为这话虽然很正确，但最好由别人去说，自己要少说，否则给人的感觉就是"你们都要尊敬我"，有点不好意思。真正的尊敬是无法强迫的，真正的尊敬不是"要求"出来的。俗话说，你敬人一尺，人敬你一丈。经验告诉我们，教师只有理解学生，尊重学生，平等待人，才能得到学生真正的尊敬。

据温斯坦调查，美国学生在师生关系方面对教师的希望是"尊重"，在学习指导方面对教师的希望是"激励"，而在管理方面对教师的希望则是"限制"。

学生们讨论的最后一个主题是，教师有必要"建立并执行规章制度"。学生们用几种方式表达了这种意见："教师必须有很强的权威性"、"教师必须告诉孩子们他们有什么期待，不要三番两次地强调"、"教师要表现出力量"、"教师需要严格（但不是苛刻）"、"教师要成为有控制能力的人"。这些回答清晰地传达出学生对这样的老师

缺乏尊敬：太纵容学生的教师，"太胆小，不愿承担责任"的教师，"那些让孩子们凌驾于他们之上"的教师。

（摘自：卡罗尔·西蒙·温斯坦．中学课堂管理 [M]．第二版．田庆轩，译．上海：华东师范大学出版社，2006：19）

请注意，这是美国学生对教师的要求。如果我不加说明，可能很多人会以为这是中国学生说的话。事实告诉我们，那些认为在美国学校学生想干什么就干什么的传言是不正确的。美国的课堂一样需要纪律，而且不光教师需要，学生也有这种需要。我看全世界都是如此，没有什么地方的学生会敬重那些"管不住学生"的教师。因此，借口什么"民主、自由、尊重学生"在课堂上搞自由放任主义，并不是"新思维"，而是错误的教育理念。

同样道理，许多教师总是责备学生根本不想遵守纪律，只想任性、胡作非为；根本不愿被限制、只想放纵自我。这是冤枉学生了。类似的调查我也在学生中做过多次，中国的绝大多数学生和美国学生意见一样，都希望老师"严一点"。

可见，教师不要以为学生会无限制地追求"安全感"。其实他们心里很明白，教师不尊重学生，固然会使学生失去安全感，但教师如果对学生的错误行为不加限制，把课堂搞得很乱，学生同样会失去安全感。这和老百姓在"乱世"失去安全感道理上是一样的。

但接下来就有一个问题令人费解了：教师也赞成"严师"，学生也赞成"严格"，这不很"一致"吗？为什么学生们希望教师有所限制，而在行动中却常常抗拒教师的限制措施呢？

这个问题，如果教师只会盯着学生看，他永远也想不明白，他只会认定学生是两面派；教师如果有点反思意识，情况就不一样了。

据我的观察和分析，学生抗拒教师的限制措施，责任常常并不只在学生一方。教师有以下毛病，学生就可能抗拒：

- ◆ 要求不合理。
- ◆ 要求不稳定（朝令夕改）。
- ◆ 要求不明确（无所适从）。
- ◆ 管得太多（经常出台"土政策"）。
- ◆ 管得不是地方（该管的地方不管，不该管的地方瞎管）。
- ◆ 管得不公平（看人下菜碟）。
- ◆ 管的态度不好。
- ◆ 管的方法不对。

也就是说，其实学生抗拒的往往不是限制本身，而是限制的方式和限制的具体内容。但是教师往往习惯于以偏概全，把学生的抗拒都说成是对纪律本身的抗拒，对所有限制的抗拒，这样一来，他就把责任全推给学生，用不着反思自我了。我相信，而且我试验过，教师如果不犯或少犯上述错误，学生对限制是很容易接受的，如此之后仍然和教师作对的学生是极个别的。

人性有一种弱点，喜欢推卸责任。在师生关系中，教师把责任推给学生的现象非常普遍，因为教师掌握着话语权，学生没有说话的份儿。这里附带说说，如果教师"常有理"，从不反思自我，永远是学生不对，那么有个别学生就会沿同样的思维方式走向另一个极端，他就真的抗拒一切限制了，这就有点"无政府主义"的味道了。所以，无法无天的学生，往往是不讲道理的家长和"一贯正确"的教师"家校合作"塑造出来的。

因此我建议，每当学生不服管教的时候，教师一方面要诊断学生的问题，另一方面千万不要忘记诊断自己的问题，否则可能解决不了。如果一个班级不服管教的学生达到或超过了五分之一，那我敢肯定，主要问题是在教师方面。这种时候，要解决问题，必须从教师自身突破。

在中小学,关于所谓"严格管理"问题,有许多似是而非的论调,下面我们分析两个。

有位老师在网上发言,声称"由宽入严难"。他是从"由俭入奢易,由奢入俭难"的格言中得到的启发。他还讲了一个故事,说是古时候有一个宰相一开始对手下很好,态度随和,平易近人,结果手下的人做事渐渐就不那么认真了。宰相意识到这一点后,开始立规矩,严格起来,但他手下的人却纷纷产生了怨恨之心,甚至有人给皇帝打小报告。最终,众口铄金,这位宰相没落下一个好下场。而相反,另一个宰相,一开始对手下很严厉,做事情毫不留情面,手下很惧怕,兢兢业业,不敢有丝毫松懈,然后他渐渐地拉近和手下的距离,脸上也有了笑容,变得关心手下了。结果,他的手下做事格外卖力,格外感激,个个都说这个宰相好。而这位宰相也受到了皇帝的赏识。这位老师问道:"人真有这样不知好坏、欺软怕硬的本性吗?"

你看,这位老师完全是在和"人之初,性本善"唱反调。于是你就会明白为什么我们有大批的校长和班主任都主张"下马威"了。他们总是希望上来就把学生"镇住"。这完全是从管理角度看待"宽"和"严"的,而且关注的主要是教师的感觉,只顾表面的纪律效果,这是相当狭隘的。其实"严"也好,"宽"也好,本身都不能使人变得更聪明。现在学校对教师的管理日渐严格,结果如何?依我看教师是越来越傻了。过分严格的管理,肯定会降低人的智商。成人尚且如此,孩子可想而知。孩子们在所谓"严格管理"中受的是"内伤",表面上往往看不出。所谓严格,无非是全场紧逼,处处设防,动辄评比,赏罚分明,结果是被管理者不需要动脑筋,只要执行就是了。这不就傻了吗?

这样议论宽与严没有什么意义。一定要具体分析,对什么人、在什么事情上该严到什么程度。先严后宽或者先宽后严本身并无优劣可言，要看具体情况。事实上"下马威"的办法往往只对小孩有表面效果，中学往后，搞下马威就很可能迅速把师生关系推向对立。有的班级你上来就严，一旦镇不住，就变得不可收拾，成为乱班。中学这种情况很多，往往是小学给埋的定时炸弹。中学教师还幻想用对付小孩的办法把学生镇住，然而孩子翅膀已经硬了，不吃这一套（有的甚至软硬不吃），教师就没辙了。所以宽严要看具体情况，这不是主观抒情的事情。

还有一位老师问道："现在的学生是缺乏关爱还是缺乏管教？"网上讨论得挺热闹，但愚以为这也没什么意义，因为问题本身就提得不妥。

如果有人问我："你吃米饭还是面条？"这是什么意思？这样问实际上已经预设了两个前提——我确实现在想吃饭，而且愿意吃他请的饭。如果这些前提是他主观认定的，并未经我同意，则这种提问就属于"绑架式提问"，我只要一回答，就陷入了对方的圈套。其实我完全可能根本就不想吃东西，或者即使想吃，也不用他请。

这还算客气的。如果有人问我："您打算借我 1 万元，还是 2 万元？"我就得赶紧琢磨一下他兜里是否有手枪。

"现在的学生是缺乏关爱还是缺乏管教？"这样提问，也等于事先给回答者下了一个套。要求对方确认关爱和管教哪个重要，等于设定了下面的前提：

（1）教育方法只有这两种。

（2）这两种又必须分个高下。

这两个前提都不合理，因此谁进入此问题谁肯定说不清楚，会陷入无谓的争论，徒然浪费大家的时间。

教育方法绝不止这两种，据我初步研究就有 10 种之多，要配合使用、灵活使用才行。

掐头去尾单讨论这两种教育方法也不是不可以，但不能这样笼统比较，这种比较没有意义。医生从来不会离开特定病情讨论哪种药重要。也许降压灵很重要，但对于胃病患者就不是这样了。

这一节讲的是对学生既要尊重，又要限制。二者都是教师、学生双方所需要的，都是安全课堂必备的条件。

第五节　给人安全感的教室环境

关于教室环境布置，人们议论很多。人性化，情感化，美化，绿化，诗意，环境育人，让墙壁说话……各种说法都很漂亮，很动人，也都有一定道理。可是，我很少看到有人把教室环境布置与学生安全感联系在一起的。教室这种环境，怎样减少学生的心理压力，这即使不是最重要的要求，也是基本要求吧。可是人们似乎不大注意，有不少学校甚至还反其道而行之，他们似乎在努力把教室布置成一个恐怖的地方，非让学生"视为畏途"不可。

在中小学，教室布置通常有以下内容。

（1）班级口号。这是班级给自己规定的奋斗目标等。

（2）班级荣誉展示。这是班级得的各种奖状、荣誉证书等。

（3）班务栏。这是有关班务的信息。比如班规、班干部名单、人员职责与分工、作息时间、值日安排、课程表等。

（4）班级生活栏。班级活动介绍（照片）、家庭生活剪影、生活集锦等。

（5）学习成绩评比栏。公布考试成绩和名次。

（6）班级其他项目评比。小组纪律、卫生、交作业情况的评比和各种竞赛的结果。有的班级在教室墙上"种"一棵消息树，定期评出"学习最勤奋的"、"乐于助人的"、"进步显著的"、"行为标兵"、"优胜小组"、"文明寝室"等等。叶片、花儿载着这些优秀学生、先进事迹。一学期下来，一棵茁壮挺拔的大树就形成了。

有的班级还搞所谓"警示教育"。名曰"友情提示"。其提示分为三色：蓝色、黄色、红色。学生第一次犯错，亮蓝色，以示提醒；第二次犯同类错误，亮黄色，表示警告；第三次犯错时，亮红色，说明事态严重，必须告知家长。

（7）作业展示。优秀作业或优秀作文展示。有的贴在墙上，有的放在专门的桌子上。

（8）学习交流。这是学生写的学习经验介绍的文章。

（9）名人画像。一般是英雄模范人物、科学家。有的是照片，有的是画像，伴有相关格言。

（10）励志格言。即所谓名人名言，也有学校自己创作的格言。

（11）信息栏。介绍国内外大事。

（12）课外知识角。有游戏、音乐知识、美术知识、茶艺知识、书法知识、电脑知识、谜语、对联知识、诗词格律知识等。有的还有"植物角"、"动物角"。

（13）课外活动成果展示。展示学生的小制作、小发明、小论文等。

（14）图书角。陈列学生从家里拿来的课外书。

（15）黑板报。

（16）绿化美化。在教室适当的地方摆放鲜花或绿色植物。

以上这些布置，多在墙上，有临时的，也有永久性的。总之，教室墙壁的"负担"是比较沉重的。有些则需要较大空间，班额若比较大，课桌拥挤，就做不成了。

综合以上内容，我们可以发现其中一条主线——鞭策，就是用一条无形的鞭子抽打学生的心，促使其向前，争取更好的学习成绩，争取集体荣誉等。我们不能笼统地说这样做不对，但是我们恐怕得承认，这样的教室无疑会给学生带来压抑感，使他们觉得不安全，时刻不得放松。

其中给学生压力最大的是公布考试成绩、各种评比和那些冒烟的励志格言。

我在网上见到一些这种格言，抄录一部分在下面。各位读者想想看，生活在如此格言的包围中，你会有什么感觉，再想想未成年的孩子会是什么感觉。

- 求知莫畏羊肠。
- 守德守纪，惜势惜时。
- 拼搏每一天，充实每一天，快乐每一天。
- 对手在拼杀，我在干什么！
- 今日我比他人快一步，明年更比他人高一头。
- 无须扬鞭自奋蹄！
- 风云涌动，一切皆有可能。
- 不经一番彻骨寒，怎得梅花扑鼻香。
- 成功来自坚持，执著创造奇迹。
- 嫉慢如仇，追求卓越！
- 不为后退找借口，要为前进创条件。
- 世上没有后悔药。
- 天行健，君子以自强不息。
- 猛志溢四海。
- 冲，向前冲，一定成功！
- 不做地下虫，我是云中龙。
- 有志者事竟成。
- 永不言败。

- ◆一分耕耘,一分收获。
- ◆天道酬勤,拼搏进取。
- ◆精诚所至,金石为开。
- ◆坚忍不拔是成功的动力。
- ◆顽强意志可以使人成就任何事业。
- ◆阳光总在风雨后。
- ◆我行我能。
- ◆厚积薄发,滴水穿石。
- ◆勤学,勤思,勤问,苦钻。
- ◆行者常至,为者常成。
- ◆不经风雨,怎见彩虹。
- ◆修身,治国,平天下。
- ◆学而优则仕。
- ◆板凳坐得十年冷。
- ◆累是催化剂!
- ◆生时何必久睡,死后自会长眠。
- ◆孩儿立志出乡关,学不成名誓不还。立业何须桑梓地,人生无处不青山。
- ◆一腔热血备高考,满腹经纶方成功。
- ◆有话大声说,我要上大学!
- ◆勇者,必以决斗之勇气与四张试卷一决雌雄!
- ◆你想是怎样的人,你就是怎样的人;你想成为怎样的人,你就离这个目标不会太远。
- ◆梅花香自苦寒来,宝剑锋从磨砺出。
- ◆态度决定高度,细节决定成败。
- ◆不说闲话,不干闲事,不做闲人。

◆ 是用三年的时间换来一辈子的幸福，还是用一辈子的时间来忏悔这三年。

这些口号令人震惊。且不说有些说法露骨地宣扬追逐个人名利，有些说法明显地属于唯意志论（你想是怎样的人，你就是怎样的人——这种说法和"人有多大胆，地有多大产"有一拼），有些说法公然制造人际矛盾（明年更比他人高一头），这些口号的总倾向（其中也有些是好的）弥漫着一种非常庸俗短视的应试主义气味。这些，不准备多说，此处重点要说的是，这样的标语布置在教室墙壁上，会给学生带来怎样的感受？

我的感觉是，这种老师似乎下定了决心，非把学生逼疯不可。把应试之火烧到最高温度，把螺丝紧到最后一扣，让紧张的空气浓得呛死人，把学生的精力和汗水彻底榨干……这哪里是在上课？分明是在拼小命！请问在这样的教室里生活，孩子得有多么坚强的意志才能撑下去？在这样的教室里读书，怎么可能不厌学？有张无弛，有进无退，无休止地鼓劲喊加油，这分明是一副"敢死队"的架势。开出大量的空头支票（你一定能行，一定成功），事实上最后很多学生肯定考不上大学。他们会怎么想？他们或者会认定自己活着没有价值，或者会认定教师是骗子，对不对？

教室不可布置成这样。教室虽然不必布置成游戏场所，应该有一定的严肃性，但是绝不能搞得这样杀气腾腾。这太可怕了，简直像地狱的门口。

愚以为：

（1）教室里应该禁止张贴公布学生分数的公告。

（2）其他各种评比（小组作业评比、纪律评比、卫生评比等）也是少一点为好，因为这种东西太多，会制造紧张气氛。

（3）励志标语少一点。不要选那些"火药味"太浓的格言，不要那种太片面的话，不要选那种开空头支票的话（你一定能行），不要选那种"不成功则成仁"之类的话（是用三年的时间换来一辈子的幸福，还是用一辈子的时间来忏悔这三年），不要选那种歌颂苦难的话（累是催化剂）。

（4）中考高考前，千万不要在教室里搞"倒计时"牌。这会导致有些学生心动过速和失眠，反而影响考试。

（5）教室的布置，不要搞教师中心，不能光体现教师的意志，不要让教室变成"固体的班主任"。最好多布置一点学生作品，使教室成为学生之家。

（6）如果要求学生课桌上布置点什么，那一定要征得学生的同意，以自愿为原则。我见到一位知名班主任写的书，上面说他要求学生在课桌上必须摆一个统一规格的座右铭，上面必须有"自己要追击的同学的名字"，愚以为这种做法不妥。这不民主，而且可能给学生带来不安全感。

第五章

如何创造有秩序的课堂

本章讨论课堂秩序问题。课堂要有秩序,当然需要制定一些规则,既制定了规则就要认真执行,违反了规则就要惩罚。此事说起来简单,其实很复杂,因为制定规则要掌握好分寸很不容易,太松了没有意义,太严了做不到的人多,罚不责众,规则也会失去意义。再说,定了规则还有个"执行力"的问题,惩罚也有个管事不管事的问题,甚至还有罚得成罚不成的问题。所以,教师"有了规矩,自成方圆"的想法是很天真的。另外,要特别指出的是,秩序绝不是单靠规则所能搞定的,除了规则之外,教师还要有许多管理技巧,才能实现有秩序的课堂。所以本章还安排了第四节——使课堂安静下来的技巧,第五节——课堂管理的语言技巧,第六节——课堂突发事件的处理,第七节——搅局行为的应对。

第一节　课堂规则的制定

　　课堂需要秩序，因为课堂并非休闲之处，课堂是师生一起学习的地方，学习是师生的"工作"，而任何工作环境都需要有秩序。再说，没有秩序也会造成学生的不安全感。学校里有所谓"乱班"，在乱班里，大多数学生都感觉不安。要使课堂有秩序，就需要制定大家共同遵守的课堂规则。明确界定的课堂规则和程序有助于创造一种可以预测和可以理解的环境，能够使学生有条不紊地、安心地学习。

　　但是，这个问题千万不要做简单化的理解。有些老师以为，学校有课堂常规，学生都该知道，只要都照着做，课堂秩序应该没问题。事实上不是这样，课堂规则是一种大体一致同时又很灵活的东西。甚至可以说，并没有绝对统一的课堂规则，课堂规则会因班级个性、教师个性不同而有所差异。每个教师都必须把自己的课堂要求对学生讲清楚，否则学生会无所适从。

　　很多教师都是"应该"主义者。他们总觉得学生应该懂道理，应该懂规矩，应该都像个学生样子。可惜这只是他们的主观愿望，客观现实未必如此。"应该"主义者本质上是主观主义者，他们是误把自己的愿望当成事实了。于是你就会明白为什么很多教师那么爱生气了。比如，他们认为学生上课发言都"应该"举手，而且"应该"举右手，还"应该"把肘部放在桌子上，可是有的学生竟然举起了左手，而且高高举过头，有的甚至不举手就站起来嚷。教师很愤怒，责备学生："你们都上这么多年学了，怎么连这么点规矩都不懂！"可是他们发现犯错误的学生竟然满不在乎，或者反而做惊愕状，就更生气了。他们觉得这种学生简直不可思议，不可理喻。于是，下课回到办公室，他们就会牢骚满腹，怨气冲天，一副"国将不国"的神情。殊不知这只是他们个人理解的课堂规范，其他教师未必都这样要求。有些教师并不在乎学生发言是否举手，更不在意学生举手的姿势（在下就是其中之一）。学生刚上完一堂比较随便的课，到了你的课上，不自觉地把习惯迁移过来了，你纠正一下，让学生明白你的课堂规则和上节课的老师不一样，就行了。没必要生这么大的气。

我们当老师的一定要记住：给学生上课的，不光我一个人。人家的所谓规则可能和我有所不同，这是允许的。因此，我和学生一见面，就要清清楚楚地说明我的要求。当然，你的要求必须合理而且稳定，不能变来变去。若学生一时不能完全做到，教师也不必怒气冲冲地断定学生是"成心捣乱"、"和老师作对"，因为，要让每个孩子都一下子记住各位教师的不同要求并非易事，他们要有一个适应的过程。

很多班主任发现，在制定课堂规则方面，学生往往不积极。这也不必生气，不要急于批评学生觉悟低，要研究一下原因。

rowan（K12教育教学论坛，2010-03-11）

王老师你好！

我担任中职学生一年级（相当于高一）的班主任工作。新学期开始了，回望上学期的班主任工作，大都是亲力亲为、紧跟紧盯，虽然被评为"文明班级"，但不能培养学生的自主意识，工作也未必高效。

这学期我想试着调动同学们的积极性，引导他们制定班规。

周一班会上，我这样做工作：

第一步，问学生是否希望我们组建优秀的班集体。

还可以，也不可能有人反对。

第二步，问学生是否真的感觉到要制定班规。

有同学说他从没有违反过校规，不需要制定。有同学说定了也未必能执行。也有同学是支持的。

我说：我不能永远当家长，应该有能体现我们同学意志的制度，依法治班。

然后，举手表决。

全班44人，只有15人举手支持。我心里有点慌，但表面上不动声色。又说："不同意的举手，勇敢地表达你的观点，没事的。"结果举手的有7个。再问："其余同学呢？弃权了？"没人回答。

这时，有同学问我："老师，是你自己制定班规吗？"

我说：应该是集思广益，班干部收齐整理，最后全班表决通过，其中也要有对班主任的制约。

我说：这两周时间同学们再考虑一下，同意的打打草稿。

就这样结束了班会。

可接下来该怎么处理呢？如果还是大部分学生反对或不表态，我该怎样去做？是强制制定，还是放弃？还像上学期一样"一个人去战斗"？

王晓春答

制定班规，学生积极性不高，这是可以理解的，因为从您介绍的情况看得很清楚，制定班规主要是您的需要，而不是学生的需要。人总是对自己需要的事情会积极一些，而对自己不迫切需要的事情就会比较消极，此乃人之常情。

如果我是您，我就会在学生中调查一下他们为什么不积极。

可能有以下几种看法：①觉得多余，现在就挺好，定班规麻烦，会浪费很多时间。②怕新班规有些条款对自己不利，减少某些自由。③怕制定班规之后，教师把某些管理权下放给班干部。干部怕麻烦，影响自己学习，同学则害怕班干部管得比老师还严，受不了。也有些人怕因此激化同学之间的矛盾。总之，与其法治，不如老师一个人搞人治。

调查之后，我再确定究竟有没有必要制定班规。请注意，不一定非制定班规不可。对有的班级，"习惯法"比"成文法"更适合，"人治"比"法治"更适合，此事最好不要有预设的标准答案。而且，即使没有成文的班规，您也照样可以把一些事情交给学生办，减轻自己的负担。请不要认定制定班规是减轻教师负担、培养学生主体性的唯一办法或根本办法。

如果您有足够的证据证明这个班确实需要制定班规，那您就应该做下一步的工作，把您的需要变成多数学生的需要。您要是能让学生明白制定了班规对他们比对您更有好处，他们就会积极起来，那时候制定班规的时机就成熟了。

据我自己的经验，中小学多数班规形同虚设，和没有差不多，走这个形式实无必要。如果是那样，您制定了班规也减轻不了负担，甚至可能加重负担，因为学生之间可能产生一些新矛盾。

总之，我希望您做事从实际情况出发，而不要从某种概念出发。

仅供参考。

2010. 3. 11

这位老师回复道，他打算下周一跟学生讲一讲制定班规对同学的好处，然后，无记名交上一张纸，写清楚同意还是不同意，并且写上理由。最后，教师归纳不同意的原因，能够化解，就制定班规；不能，就继续"人治"，在实践中再摸索合适的办法。

这里说的是班规，比课堂规则宽一些。愚以为制定课堂规则的道理与此相似，而且比这还要谨慎。我主张课堂规则主要由任课教师制定和宣布，不要由班主任统得过死，否则会出现很多问题。比如班级制定的课堂规则是上课不许去厕所，某位任课教师却不这样看（我当年在此事上就比较宽松），结果有学生上课去厕所了，算不算违反课堂常规？要不要批评处理？这就很难说。

美国教育学家温斯坦认为制定课堂规则有四个原则，我觉得他说的有道理（见表2）：

表2 设立课堂规则的四个原则

原则	应考虑的问题
规则应该是合情合理的、必要的	什么样的规则适合这个年级的水平？ 设立这个规则有什么适当的理由吗？
规则应该清晰明了	规则对学生来讲是否太抽象，不易理解？ 我希望学生们在什么程度上参与决议的制定？
规则应该与教学目的以及我们所了解的人们的学习方法一致	规则将促进还是妨碍学生的学习？
课堂规则要和学校的规章制度一致	学校的规章制度有哪些？ 在走廊、集会或者餐厅等场合，是否对行为有特殊要求？

（摘自：卡罗尔·西蒙·温斯坦. 中学课堂管理 [M]. 第二版. 田庆轩，译. 上海：华东师范大学出版社，2006：45）

关于第一条原则，我的想法是，我们制定的课堂规则一定要从学生实际出发，不能单从管理者的管理方便出发，而且每一条都要论证，要有充分的理由证明这个规定是合理的，才能实行。一定要避免教师"拍脑门"制定规矩，避免"我说的话就是规矩"（长官意志）。

关于第二条原则，我们可反思的地方甚多。不只我们的课堂规则，就连学生守则，比起美国来，也是抽象得多。规则必须有可操作性，否则就会成为口号，被束之高阁。

关于第三条原则，温斯坦举了一个例子：

……比如，在追求秩序时，有的教师禁止学生在做课堂作业时互相说话，有的不允许学生之间有合作学习活动，他们担心学生太吵。显然，这些制止措施有时是必要的（比如，你有时要求学生单独完成某一作业，好评估他对课堂内容的掌握情况）。然而，如果这样的限制成为常态，那将是可悲的。研究孩子们学习方法的教育心理学家强调，孩子们的互动是很重要的……

(摘自：卡罗尔·西蒙·温斯坦. 中学课堂管理 [M]. 第二版. 田庆轩，译. 上海：华东师范大学出版社，2006：46)

由此我想起了我国的自习课。自习课到底让不让学生说话，一直是大家头疼的问题。从学生认知规律来讲，自习完全不让说话确实有害，可是我国班级人数多，一旦让学生开口，确实很容易造成混乱。对此我历来主张"一张一弛"的办法，也就是紧一阵松一阵，波浪式前进。可是这很难掌握，而且遇到死心眼、一根筋的校长，根本行不通。

于是我们就要谈到第四个原则。愚以为在中国，因为很多学校制定的课堂规则就已经过于死板了，教师若完全照办，就几乎没有什么空间了。所以我主张开明的校长们抓大放小，把课堂管理规则的制定权放一部分给教师，使他们可以因班制宜。可是，要是校长并非开明人士，管得很细很死板，而且用评比强行"一刀切"，其规定明显对学生学习不利，又该怎么办呢？我主张教师可以适当加以抵制，进行一些小的调整，不完全听学校的（但也不要公然与校长作对）。在我国国情下，教师若比校长更懂教育（这种情况不新鲜），他只能如此。

是不是应该让学生参与课堂规则的制定呢？

我们先看看一位美国教师怎么说：

你可以询问全班学生，他们认为什么样的规则是公平的。（不要问他们什么样的规则是不公平的——如果这样做的话,你会感觉很遗憾的!)

例如,我先问学生怎样才能使课堂感觉比较安全,然后我就让大家一起进行脑力风暴,整理出一系列的规则,这样他们就很难再抱怨说他们自己制定的规则不公平了。

当然,如果你发现学生态度不严肃,制定的都是诸如"永远也不要布置家庭作业"之类的规则,那么你就恢复自己的主宰权,宣布由你做主。

(摘自:雷内·罗森布拉姆-洛登. 你必须去学校,因为你是教师——250条使你的工作变得轻松愉悦的课堂管理策略[M]. 郑丹丹,译. 北京:中国轻工业出版社,2008:54)

看起来,美国的学校里也并非学生说什么就是什么,我想任何一个国家的教学民主都不会是这个意思。让学生参与制定课堂规则,有利有弊,一定要根据具体情况区别对待。

在我们这里,两个极端并存。一方面有完全不征求学生意见、不考虑学生要求的教师独裁专制,另一方面也有给学生当尾巴的所谓"民主"。有些人则是忽然看了什么文章,听人说了几句新潮的话,脑门一热,就大搞"民主"制定班规。一旦学生讨论中出现混乱,就做震惊之状,然后迅速走向另一个极端,还要恨恨地说:"这些学生,只配享受独裁!"

愚以为,鉴于我国的国情和文化传统,在近期,恐怕"民主"和"集中"这两个侧面,还是"集中"多一点比较实际。建立班规等事,当然一定要征求学生意见,倾听学生要求,但最后还是要教师做主,同时,决定之后,要耐心地说明理由,要向学生论证规则的合理性。我看这样做就算比较民主了。

可不可以再放开一些呢?可以试一试。一般说来,老教师可以大胆一些,新教师最好谨慎;能力强的教师可以放开一些,能力相对较弱的教师最好谨慎；班风稳定，群众基础较好的班级可以放开一点，否则最好谨慎一些；已经教得比较顺手的班级可以放开一些，新接班则需要谨慎。总之，请学生参与课堂规则的制定，一定要从班级的情况出发，千万不可单从教师的美好愿望出发。教师不要幻想通过学生的嘴说出教师想要的规则。一旦打开闸门，你就得准备面对鱼龙混杂、泥沙俱下，你得有本事收拾局面，不怕弄巧成拙。

下面我们来说说怎样征求学生的意见。

允许学生就课程、作业和分组决定发表看法，提出建议。有趣的是，四位老师都在开学之初要求学生把他们对班级的希望写出来。……桑迪在开学时要求学生回答四个问题：(1) 你怎样能学得更好？(2) 化学课让你激动的东西是什么？(3) 你会担心什么？(4) 我该怎么来帮助你？

(摘自：卡罗尔·西蒙·温斯坦. 中学课堂管理 [M]. 第二版. 田庆轩, 译. 上海：华东师范大学出版社, 2006: 66)

就课程、作业等问题征求学生的意见，这在我国也不是新鲜主张和做法，很多教师都在这么做，或者这么说。不过我还是发现这位桑迪老师的做法有值得借鉴之处。

看起来征求学生的意见可以有两种姿态。

一种是：教师想知道怎样才能让学生更好地完成教师的任务。另一种是：教师想知道学生需要什么帮助。前一种姿态是以教师为中心发问，后一种姿态则是更多地站在学生的立场发问。

请看桑迪的问题："(2) 化学课让你激动的东西是什么？(3) 你会担心什么？"在我国，教师这样发问的很少。在教学上，我们较少设身处地去考虑学生的情感。我们也许会问"你对什么感兴趣？"但这样问更多的属于调查的性质，知道了学生的兴趣点，便于教师"调动学生积极性"。我们始终是一个"调动者"的姿态。处于这种态势下的教师，是不大可能提出"你会担心什么"这样的问题的，相反，他心中更关心的是"我担心什么"。

教师当然有权从自己的角度发问，这是没有问题的。不过我觉得，教师若提高换位思考的能力，适当站在学生的角度发出一些问题，这种做法可能更人性化，更有人情味，学生更容易接受，效果也会更好。愚以为，在这方面我们有所欠缺。

第二节　课堂规则的执行

一说到规则的执行，立刻就有一个公平问题。愚以为，什么是公平，也有两种不同的解释。我们来看例子：

……公平通常包括"对学生的行为和学业表现做出没有偏见和偏爱的判断"。就课堂管理而言，这意味着不论什么规则，必须保证要适用于每一个人。另一方面，公平也意味着对人们不同的个性化待遇需求的认同，而关心当然需要我们认识到学生的个性。从这个角度看，以同样的方式对待每个人是不公平的。那么，教师该怎么做呢？

非常关心学生身心健康的经验丰富的老练教师对这一基本难题甚至也会采取矛盾的立场。让我们考虑一下桑迪和弗雷德的情况。

桑迪评论说：

只有每个人觉得受到了公平的对待，你的课堂才会成为一个集体，不管这个人是不是学生会的主席。班上有很少几条适用于每个人的规则，而不是很多适用于部分人的规则，你的日子会好过些。

桑迪不久以前就运用了这一原则，当时她的3个学生，包括1个情感不正常的男孩，没有带作业，他们要求第二天交作业：

我的回答是不行。我不接受晚交的作业，他们是知道的。我想让他们清楚该怎样计划时间，该怎样为上课做准备。这是个 20 分的家庭作业，应该星期一交。我整个星期都在提醒他们，星期五还特意提醒了一遍。然后，他们星期一没带作业来到了教室。我对他们说："我相信你们做了作业；你们的诚实毫无问题。但现在诚实没有用。"让我震惊的是，比利（那个情感不正常的男孩）当着全班的面大哭起来。我把他带出教室，和他谈话。我告诉他，我理解别的事情可能会干扰做作业，可规则对每个人都适用。我知道这似乎有些苛刻，但我觉得这是件很重要的事件。它对比利——以及全班其他同学——都很重要，使他认识到自己必须满足相同的期望。

以桑迪之见，设立适用于每个人的规则既公平又富于关爱。但弗雷德的观点多少有些不同：

我的决定基于什么对孩子最好，在这一点上我对待孩子们是公平的。什么意思呢？就是：有时候一碗水要绝对端平，这是正确的做法；而有时候，这碗水就要端偏一些，这也是正确的做法。没有什么方法可以让我们绝对公平。我们必须不时地反思我们的做法，问问自己："这么做是不是能照顾到这个孩子的最大利益？"

不要总是坚持绝对的公平，这让我有所收获。这样，我就有更多的灵活性。我可以说："这个孩子真的有困难，而我今天不会给他零分，不管规则怎么说。"我就要把规则扔到一边。我还从没听一个孩子说"那不公平"。但我也失去了一些东西——当每个人都知道下面该发生什么时，连贯性就没有了。所以有人要突破限制。我必须更加小心；我必须观察是否有人想占便宜。

总而言之，公平是关爱的基本成分，但它的含义在实践中并不总是很明显。教学活动是凌乱和不确定的，我们经常在做了决定之后才知道什么是正确的决定。可以确定的是，教师需要不断地获取对这些复杂的道德问题的反应。

(摘自：卡罗尔·西蒙·温斯坦. 中学课堂管理 [M]. 第二版. 田庆轩，译. 上海：华东师范大学出版社，2006：68—70)

两位教师，一位坚持"一碗水端平"，一位主张"端偏一点"，作者并没有肯定一个否定一个。确实，两种做法各有利弊。不过照我看来，在思维方式上，弗雷德比桑迪略高一筹，因为弗雷德意识到了自己的做法隐藏的危险，而且有所防范（"我必须更加小心；我必须观察是否有人想占便宜"），而桑迪则似乎缺乏这种反思深度，她只是对自己的态度有点微词（"我知道这似乎有些苛刻"）。

从管理角度说，"一碗水端平"更方便，从教育角度说，"端偏一点"更符合因材施教的原则。然而一定要注意，这里所说的"端平"也好，"端偏"也好，都必须出以公心。

愚以为，相对地说，"端平"比"端偏"要好操作一些，因为要"端偏"就需要具体问题具体分析，需要"诊断"，这不是轻而易举的事情。所以，思维能力不够强、专业水平不够高的校长和教师，就比较偏爱"一碗水端平"、"一刀切"。这样省脑筋，而且能取得道德优势，说起来振振有词。

弗雷德老师说："没有什么方法可以让我们绝对公平。"这话值得每一位教师深思。做到形式上的公平比较容易，而要做到实质上的公平，往往需要某些"不公平"。这种有关公平的辩证法，哲学家们早就讨论过了。

再举一个我国的例子。

有一个上职业高中的男孩叫小飞。入学后他两次与同学发生口角，引起了班主任杨老师的注意。杨老师根据他的心灵档案资料（早期记忆、词语联想、五项图）判断他有暴力倾向。周围的老师认为杨老师危言耸听、制造紧张气氛。直到后来，小飞几次在班里说"我真后悔昨天晚上没杀了同宿舍的人",而且他每晚睡觉时都在枕头旁边放一把水果刀,大家这才紧张起来。

从这个孩子的有关材料看,他有根深蒂固的被冷落的感觉和被攻击的感觉(这种感觉有事实依据,但被他放大了),相信暴力反抗能解决问题,而且头脑简单(残忍的人往往头脑简单),这是很危险的。而他又身材瘦弱,不善言谈,一说话脸就红,是个循规蹈矩的孩子,这就更危险了,因为人们不易想到他会闹出什么大事来。杨老师对此早有察觉,她及时争取了小飞舅舅的支持(小飞的父母不在身边),手把手教小飞如何与人相处,教他学会换位思考,而且安排了一个同桌小成做他的朋友。小飞本来形单影只,很少与同学说话,现在有所改变。杨老师说:"几周下来,小飞与小成的交往逐渐增多,有时两人上课还会说点小话,我也当作没看见一样。对于小飞而言,重要的不是不折不扣地遵守课堂纪律,而是正常地与人交往,牺牲一点儿无关紧要的东西换来小飞人际交往上的突破,我认为值得。"

这里就涉及一个课堂规则的执行问题。学生上课和同桌说话,这是很多校长和教师都特别讨厌的缺点,可是在小飞这种特定情境中,竟然成了好事,成了优点。与前面两位美国教师相比,杨老师对教育的认识毫不逊色。要让规则为学生成长服务,而不是把学生变成执行规则的棋子。这样对待课堂规则,才能算名副其实的教育者。

规则由谁来执行?当然由教师执行。但是最好由学生自觉执行,培养自觉性的重要方法是让学生对自己的行为负责。请看美国洛登老师的想法和做法:

我很讨厌为别人的人身自由负责——这样给我的权力也太多了吧!当学生在我身边一会儿来一会儿走的时候,如果直接跟他们说"请不要离开教室",我自己又会觉得很有罪恶感。于是我要求学生对自己的行为负责,自己监控去洗手间的次数。

我制作了一张表格，学生离开教室的时候就在上面签名，注明日期和具体时间。我向学生保证，我相信他们不会因为讨厌我而离开教室。但是，我还是会检查这张表格，瞄一眼我就知道哪些学生在滥用这项特权。我会和这些学生进行私下交流，指出他们离开教室的次数太过频繁了，询问他们能不能对自己的行为负责，他们这样做是不是愚弄了我的信任，还是因为健康问题（那样的话需要向老师汇报）。结果这些学生离开教室的次数就会减少，因为他们知道了原来教师会检查这张表格的。

（摘自：雷内·罗森布拉姆-洛登. 你必须去学校，因为你是教师——250条使你的工作变得轻松愉悦的课堂管理策略[M]. 郑丹丹，译. 北京：中国轻工业出版社，2008：49—50）

在我们许多教师的心目中，教育只有两种形态：一种是"严格管理"，另一种则是"放弃不管"。所以，当你批评他们的管理过于严格死板的时候，他们就会问："难道让我放弃不管吗？"我原来对他们怎么会这样思考问题感到奇怪，后来我才逐渐明白，他们心目中没有其他教育模式，这一种不行，就只好跳到另一个极端了。

洛登老师的上述教育模式既不是"严格管理"，也不是"放弃不管"，而是主要让学生自己对自己的行为负责，教师起适当协助监督的作用。这就是所谓的"以学生为主体"。

"严格管理"其实是以教师为主体，而"放弃不管"则是失去了教师身份。"放弃不管"是打了败仗、落荒而逃的"严格管理"，二者实为一体，是一枚硬币的两面而已。这种管理模式下培养出来的学生当然难以有自觉性，因为他很少体验"对自己负责"的感觉，他总是在"对老师负责"。很多教师经常抱怨学生"不自觉"，他们并未觉察，这种"不自觉"性，恰恰是教师自己亲手"塑造"出来的。他们认识不到这一点。

这里有个基本的理念问题：你究竟有多大权力？我们中国人普

遍有"管人"的瘾头。不信你听人们闲谈，有人张嘴就说"我手底下管着几十号人呢！"。社会风气以能"管"别人为荣耀（这与中华文化的"官本位"有关），所以人们总是倾向于扩大自己"管人"的权力，有一点小权力也恨不得把它使尽。当然，肯定要打着"爱"呀、"奉献"呀、"责任心"呀等漂亮旗号，不愿承认自己灵魂深处的"控制欲"。

心理学告诉我们，控制他人的人，同时也就限制了自我，而且控制是很累人的事情。于是你就会明白为什么如今家长和教师普遍活得这样累了。没法不累！像洛登老师这样的做法，就要好得多，不着急不生气就把事情办了。当你不想控制对方的时候，对方反而更容易接受你的意见。

美国学生上课允许去卫生间，我们这里一般不允许。我并不是说应该照搬他们的做法，我只是说，有很多事情，确实应该让学生自己对自己的行为负责，这是自觉性之母。

教师在执行课堂规则的过程中，还有一种说来好笑却十分常见的毛病——只顾与学生争吵，忘记了课堂规则之事，这是一种类似"忘乎所以"的现象。我们来看一个例子。

幸"福"的莉（K12班主任论坛，2009-06-18）

今天早读英语，科代表站在讲台上没有带读，她说大家都不愿意读。我叫她回座位，我来带读。读了两遍单词，然后读课文要求背诵的句子，最后叫他们自己读，准备好这星期的月考。

一个坐在最后面的男生一直在用手机听歌，我站在他旁边很久了，他还在那儿听。之前我已经提醒过他几次了，还开玩笑地说没有下次了，再有下次我就缴你手机了。我忍不住了，手伸进他的课桌中，拿他手机，他不肯，两人僵持着……之后他用力一挥，手机摔了出去，嘴里嚷嚷："我×你妈的！"还重复了几句！我火气顿时上来了，眼瞪着他。他丝毫没有愧疚心理，好像是我错了一样！

叫他到办公室，起初他不肯，后来说："去就去！"

到办公室，我再也忍不住了，指着他教训他（教训了什么我也忘了，当时激动了点），他还是很不在乎的样子。接着我上课去了。两节课后，继续谈话，还是不欢而散。他的意思是我得先向他道歉，我不应该抢他的手机，不该管的事情又在那儿管得津津有味。

我得先向他道歉？？？

他出口伤人有没有想过？他当众侮辱我！我的立场很明确，他必须要向我道歉，做不到免谈！我不求你！

之后办公室的同事们劝我不要这样子伤自己，没必要。我知道要坚强。没必要和学生硬对硬，采取另外的方式，自己会好点，不用那么较真。

王晓春答

这个案例很典型，这类事情在校园里是比较常见的。学生上课用手机听音乐，教师屡劝不听，伸手去抢，学生张口骂了老师。接下来就是僵持：教师认为学生侮辱了老师的人格，要求学生道歉（后来又放弃了这个要求），学生则强调老师不该管此事，不该抢他的手机。各说各的话，各讲各的理。

你会发现，师生二人虽然对立，但思维方式极为相似：都只会站在自己的立场上想事情，都很情绪化，而最有趣的是：二位最后坚持的事情都已经脱离了"纪律"的范围，而他们都没有觉察。从逻辑角度说，事情开头还属于纪律问题、课堂规则的执行问题，但很快就"偷换了论题"，几乎变成两人的意气之争了。开始还像教育行为，后来则更像是二人打架了，教师的角色从教育者迅速变为争斗者的一方，整个事件完全变味了。

学生上课听音乐，这是个纪律问题，遵守规则的问题，不是师生之间的个人关系问题。

纪律问题应该怎样处理呢？

首先应该问，上课可不可以听音乐？其次应该问，如果上课不可以听音乐，教师有没有权力暂时没收学生的手机？如果学校没有赋予教师这样的权力，教师就不应该贸然行事，否则你的做法就缺乏法律支持。如果学校既没有允许也没有支持教师这样做（这是学校的缺失），那么教师就要估计一下学生的个性，估计一下班风，估计一下自己的实力，看你没收他的手机能不能成功，然后再行动。其实即使学校允许没收学生的手机，教师也要看具体情况。这位老师没有交代学生的年级，也没有说明自己是男老师还是女老师（这很不专业）。如果学生是高中男生而楼主是女老师，如果这个学生的英语根本就很差，甚至各科成绩都很差，教师就更不能这样冒险了。

然而事已至此，怎么收场呢？不要打算从侮辱老师的角度突破，不要首先在态度上做文章，那样顶牛会继续下去，而且纠缠不清；还是要从纪律角度突破。我觉得可以请教务处有关领导出面，当着教师的面问学生：

（1）你上课听音乐是否违反了学生守则？

（2）教师有没有权力教育你？

（3）如果你屡次教育不听，教师有没有权力暂时没收你的手机？（学生如果说"没有权力"，教务处老师可以说"有这个权力"）

（4）再问，你违反课堂纪律，不听老师劝告，还辱骂老师，应该如何处理？

避开人际矛盾，暂时不谈态度问题，抓住"纪律"不放，把球踢给学生，这样就得到主动权了。

不要急着要求学生道歉，道歉是水到渠成的事情，"纪律"二字，才是学生的"死穴"。

除非学校领导十分昏庸，否则给班主任这点支持应该是没问题的。教师自己不必和学生吵，在旁边静静听着就可以了。学校应该用压力迫使学生主动道歉，而且必须是在全班。愚以为教师没必要给学生道歉。此事教师的疏失与学生的错误性质不同。

总之，处理这类突发事件，行动之前一定要多设想几种可能，不要搞冒险主义，一旦发生顶牛，也不要情绪化，不要搞投降主义和阿Q精神，不要让事情跑题。首先要考虑的是维护纪律的尊严，而不是个人的面子。纪律有尊严，规则有尊严，教师才有尊严，一定要分清主次。

2009. 8. 30

第三节　违反规则的惩罚

规定总有惩罚措施相伴，因为规定意味着把行动限制在某种框架之内，而限制则意味着有人可能会冲破这个限制，否则就没必要限制了，人人都必定能做到的事情是根本不需要做规定的。因此，人们做任何规定的时候，都很自然地会问：做不到怎么办？当然就要惩罚。没有惩罚的规定就不成其为规定了，那只是建议，做不做皆可。

所以，只要人们承认课堂管理需要做某些规定，他就等于承认了惩罚的合理性和必要性。

温斯坦的《中学课堂管理》一书，在讨论课堂管理程序的时候，也涉及了惩罚。

比如，他介绍了桑迪老师向学生宣布的"化学教室指导方针"，其中有这样的内容：

2. 及时到班上。迟到不可容忍。上课铃响后进教室，就是迟到。

    a. 第一次迟到放学后留 10 分钟（和我一起）

    b. 第二次迟到放学后留 20 分钟（和我一起）

    c. 第三次迟到放学后留 30 分钟（和我一起）

    d. 第四次迟到从上午 7:15 开始留堂

（摘自：卡罗尔·西蒙·温斯坦. 中学课堂管理 [M]. 第二版. 田庆轩，译. 上海：华东师范大学出版社，2006：53）

作者还介绍了克里斯蒂娜老师在开学第一天发给学生的一份自己编的报纸。其中有一个栏目赫然写着"惩罚箱"：

惩 罚 箱

不听指导，不遵守补课规则的学生将为他们落下的课得到"双重 F"。晚交的作业不被接受。

上课铃响时没有在自己座位上的学生将被画迟到（三次迟到等于一次逃课）。

搅乱别人学习或拒绝听从老师安排的作业的学生会失去参与分数。如果捣乱和拒绝持续下去，学生会被请出教室，然后还要接受纪律惩罚。

（摘自：卡罗尔·西蒙·温斯坦. 中学课堂管理 [M]. 第二版. 田庆轩，译. 上海：华东师范大学出版社，2006：56）

看来，美国学生在学校的自由度，并不像有些人想象的那么大。美国的教室也不是自由市场。

温斯坦是教育学教授，他的这本书是被多所师范院校和教师培训机构用作教材的。美国教育学者和教师对惩罚的态度，于此可见一斑。

　　我发现他们对待惩罚问题很坦率，很平静，既不是一副"下马威"的架势，也没有吞吞吐吐之状。定义明确，措施具体，操作性强，与我们这里的情况有较大差别。我们这里的学者好像羞于谈论惩罚问题，不得不涉及的时候，也是泛泛而谈，要不然就无休止地争论教育该不该有惩罚，总之多是空论。一线教师情况如何？胆小的不敢惩罚学生（生怕人家说这是"不爱学生"），胆大的则肆无忌惮地体罚学生；性格老实的教师惩罚学生时好像自己犯了什么错误，性格狡黠的教师则明面大谈"爱生"，暗中狠整学生。总之，许多课堂管理是拣好听的说，做起来另一套，谁言行一致谁吃亏。我认为这种风气不好。

　　愚以为，教育惩罚是一种客观需要，是教育手段之一。我们既不该回避它，也不可迷信它，最需要的是把惩罚条理化、具体化、明晰化。美国学者和教师们对待惩罚的客观态度和理性态度，有可取之处。

　　在我国，无法控制课堂秩序的教师在抱怨学生的同时，总爱说自己"心太软"，搞不清这是自我批评还是自我表扬。我在《中学课堂管理》一书中发现，原来美国也有这种现象：

　　几年以前，我指导一个名叫默莉的实习教师，她被安排在四年级。我在学校教过默莉一门课，有点担心她的组织能力。但不管怎样，第一次去教室探望她，所看到的仍然出乎我的意料。默莉在讲一堂有关标点符号的课。课虽讲得不太引人入胜，但也不是多糟糕。可学生们的行为很糟糕。他们聊天，在课桌里翻东西，完全不把上课当回事。此外，在整堂课上，总有学生找默莉，要求去洗手间，然后离开教室。我带着怀疑看着某个学生大约每三分钟离开一次；有时，竟有五六个学生同时离开教室。然而，默莉从来也不要求他们等自己讲完,或者等刚出去的学生回来再走。

一堂课结束,我和默莉碰头讨论授课的情况时,我问她对学生课上的表现有什么看法。我想知道她怎么解释学生们在她的课上缺乏兴趣并别有用心地离开教室。我还想知道为什么学生请求离开的时候,她没有拒绝。我清楚地记得她的回答:

我想让学生们看到,我关心他们。我不想像暴君一样统治课堂。

如果某人要求去洗手间,我不让去,那表明我不尊重他们。

默莉从没有创造出她所希望的互相尊重的气氛;实际上,她并没有完成实习。她所致力的"关心"——她解释为"永远都不要说'不'"——使局面混乱不堪,学习、教学和关爱都成了不可能的事。

这些年来,我经常想默莉的事,尤其是她对关爱的解释。我还从其他与我共事过的师范生那里听到与默莉类似的想法。像默莉一样,这些师范专业的学生相信,好教师应该是关心学生的教师。他们也相信,他们有能力给学生以深切的关怀,从而和学生建立紧密的联系。他们想象自己培养学生的自尊,享受学生的成功,乐于看到他们健康成长。在他们的想象中,课堂应该充满温暖、情感和互相尊重。

于是,这些未来的教师带着这样的想法开始他们的实习。几周之内,有关关爱的谈话渐渐消失,控制成了他们的话题。纪律和留人的话题超过了同情和怜悯。实习学生痛悔自己一开始"太好了",他们的结论是,他们本该"更为苛刻"。有人甚至觉得关心和秩序是互不相容的。

(摘自:卡罗尔·西蒙·温斯坦. 中学课堂管理 [M]. 第二版. 田庆轩,译. 上海:华东师范大学出版社,2006:61—62)

看来美国也有这样的新教师,满脑子浪漫主义,把课堂理想化,"洒向人间都是爱"。我在拙著《做一个专业的班主任》一书中称这种班主任为"书生型",因为他们书生气十足,把主观想象当成了现实。这种教师一旦碰了钉子,就会迅速跳到另一个极端,对学生采取严厉控制的办法,而且很后悔自己当初"心太软"。我在网上经常看到这种怨气冲天而又顾影自怜的帖子,他们和美国这位默莉老师可谓"心有灵犀一点通",或者说"同病相怜"。

　　作为教育者,头脑一定要清醒——教育是有强制性的。教育的强制性不应像古代那样,成为过分控制和压抑学生的借口,但也不能忽视这种性质的客观存在。凡是客观存在的东西,比如一堵墙,你装作没看见它,它仍然存在,你用头去撞它,脑袋就要起一个包。教育明明有强制性,教师却要竭力让学生尽可能"生动活泼地主动地得到发展"(毛泽东语),难就难在这里。教师必须善于找到集中和民主、纪律和自由、集体感和独立自主的结合点,这是一种艺术,绝不是轻易可以掌握的,非下苦功不可,非动脑筋不可。专业素质不高的教师势必聚集在两端,或者迷信"严格"(这种人多),或者高唱所谓"民主自由"(这种人少),因为这两种办法都省脑筋。刚毕业的师范生情有可原,因为他们头脑简单,老教师若只会迷信"严格管理",可就不敢恭维了。这其实不是个心软心硬的问题,而是个专业技术水平问题。我发现很多教师只要学生一失控就归结为自己"心太软","心软"成了遮羞布了。这样归因,他们的专业水平永远得不到提高。

　　但我的意思并不是说教师在学生面前应该凶神恶煞,或者至少也要做不苟言笑之状,不是的。即使确实需要惩罚的时候,教师也可以做得很有人情味,甚至很"美丽"。

　　我们这里有很多教师能做到使某些惩罚带有游戏色彩。

杨伟元（教师研修网·王晓春专栏，2009-07-21）

我班的自习课上有一些同学管不住自己的嘴巴，爱说话，我就用过"说话传球"的办法来惩罚他们。这些学生大多喜欢打篮球，我就在体育课上采用"说一句话，传一次球"的游戏来惩罚他们。说的话不能重复，传的球也不能失误，违规者做三个俯卧撑。结果，他们都笑着接受了惩罚。更重要的是，我发现这些同学在自习课上的纪律好了很多。让惩罚带点游戏色彩，减少那些空洞的说教，给违纪学生一个台阶下，也许他们的自我管理意识会上一个台阶。

其实生活中的惩罚并非总是金刚怒目、剑拔弩张的，有许多惩罚很有趣味。比如击鼓传花的游戏，比如酒席桌上的"罚酒"，都是这样。

教师惩罚学生，目的是什么？是为了解决某个问题，培养学生的责任感，而并不是为了让学生怕你这个人。惩罚的目的不是教师的个人目的，而是教育教学的目的，既然如此，惩罚也就可以有很多色彩，有的严肃，有的平静，有的轻松，有的愤怒，有的遗憾。

愚以为，能不能用多种色彩惩罚学生，是教师素质的一个指标，因为这需要灵活和机智。教师若总是板着面孔惩罚学生，人们就有理由怀疑他不够聪明。

但有时学生会拒绝接受惩罚，或者屡罚不改，导致教师情绪失控，说错话，做错事。人非圣贤，这是可以理解的，怎么办呢？这就需要有人帮忙了。

有时候我们尝试了各种策略，但都不见成效，于是我们感觉自己很"自然地"要爆发了，也很害怕自己因此而说出一些会后悔的话，做出一些会后悔的事情……你可以预先安排一位教师做你的"亲密战友"。这个教师会把某个生事的学生带离教室,或者你只要告诉这个学生去那位教师的办公室就可以了。你或许会遇到一个学生特别抗拒你的安排,这个时候你可以给他一个选择,"你要么去坦尼先生的办公室,要么去教务长或校长的办公室。"他们往往会选择前者,而且在那里表现还会惊人的好。

(摘自:雷内·罗森布拉姆-洛登. 你必须去学校,因为你是教师——250条使你的工作变得轻松愉悦的课堂管理策略 [M]. 郑丹丹,译. 北京:中国轻工业出版社,2008:186)

  这种策略不由得使人想起我国的俗语:"一个好汉三个帮","一个演红脸,一个演白脸"。靠同事帮助摆脱困境,常常是很必要的,因为你不管有多大本事,难免有失策的时候。

  但是要注意,这个帮手最好事先有约定,而不要临时拉一个,否则他可能帮的不是时候、不是地方,甚至可能帮倒忙。办公室里不是常有这种镜头吗:一个老师批评学生,几个老师一起上,几乎成了"批斗会"。这只能使学生得出结论:"你们老师官官相护,一个好的也没有"。这种学生,以后可就更难教育了。

  "如果所有的策略都不灵验,就给学生买点比萨饼",这种说法读者可能会感到意外。

  有时候我们不但尝试了本书介绍的每一条策略,甚至采用的策略还远远不止这些,可学生仍然绷着脸,觉得你简直是上帝派来折磨他们的。

  ……这里有一个比较好的办法,可以使事情得以转圜——给学生买些比萨饼!

  我不知道这究竟是什么原因,但小小的一块比萨饼就会让学生觉得你是"世界上最酷的老师"。然而,我们的薪水有限,因此不可能频繁地做这样的事情,但只要类似地做一点就已经足够了。我和学生说我们之间需要一点点润滑剂的推动,而这时候给他们一些老式的垃圾食品，恐怕效果要远远好过一根橄榄枝！

(摘自：雷内·罗森布拉姆-洛登. 你必须去学校，因为你是教师——250条使你的工作变得轻松愉悦的课堂管理策略[M]. 郑丹丹，译. 北京：中国轻工业出版社，2008：200)

这叫什么策略？这叫什么招数？理论依据是什么？似乎都说不清楚。

是的，教育，并非事事都能说清楚的，也不需要事事说清楚，因为教育不但是科学，而且是艺术。而大家都知道，艺术上有些事是无法说明白，甚至无法言传的。从这个意义上可以说，教育也有神秘的一面，也需要直觉和天分，教育绝不是单纯的技术活，虽然教育需要技术。于是你就明白为什么有些教师根本不理睬教育理论却能做得很好了，他们天生有教育细胞，有孩子缘。当然，这种人很少，凤毛麟角而已。他们的经验，有的也难以推广——你没有他那种特殊的魅力，但他们的策略，多数还是可以借鉴的。

课堂管理需要惩罚，但不可迷信惩罚，惩罚要避免主观随意性，也要避免完全"公事公办"，惩罚需要"冷冰冰"，也需要人情味。我见到一所著名中学的管理经验，有道是"领导是有情的，管理是无情的，制度是绝情的"。愚以为，用在教育界，这是一个错误的口号。

第四节　使课堂安静下来的技巧

所谓课堂秩序，可能最重要的事情就是保持安静了。除了课堂讨论和课堂活动，都需要安静，即使是在讨论和活动中，一个人说话，其他人也要保持安静，否则就乱了套，不成其为学习环境了。

影响课堂安静与否的因素很多，班风、学生性格、学生智力因素与非智力因素、师生关系、生生关系、教师的个人魅力和专业水平，都与之有关系，甚至特定时间（比如开学初或每周一）、天气变化、周围发生的一些事情都会影响课堂的安静程度。所以，教师不要以为课堂安静与否是孤立的事情，更不要以为有什么招数，只要一用就能保证课堂安静下来。但是我们也要承认，使课堂安静下来，确实有一些技巧，这些技巧对很多教师是有用的，在很多情况下是有效的。本节着重介绍的，就是这些技巧，它们来自教师的实践经验。

1. 不说话，在黑板上写出要学生做什么

上课了，学生却安静不下来，这是很多教师头痛的一件事。有些教师只好大喊大叫，敲桌子，这实在不是好办法。你可以这样做做试试。比如在黑板上写道（也可以出示小黑板）："默读第35页第二段。思考下面的问题……"然后教师就在行间走动，观察学生是否在读书。等到学生完成了这个任务，课堂安静下来，教师再讲课。

如果学校发生了什么事情，学生议论纷纷，难以平静，也可以采用此法。学生一进教室，看到黑板上的通知，就知道自己下面该干什么，他们自然就安静下来了。这是一种教师以逸待劳的求静方式，教师处于监督和检查的位置，比较从容。

2. 沉默，注视

上课后安静不下来，教师也可以不说话，只用眼光扫视全班，哪个同学说话最厉害，就把眼光停在他身上，盯住他不放，直到他安静下来。课堂中间出现说话现象也可以用此法，有时候比开口批评效果要好。此时无声胜有声。这种办法对个别学生说话、小面积说话和自制能力较强的学生比较有效。

3．请求学生安静

要求学生安静下来，有命令式和请求式两种姿态，一般教师习惯于用命令式，其实有时也可以考虑用请求式的办法。很客气地对学生说："对不起，现在是我在讲话，你有什么话，等我说完再讲，行吗？"这种办法对年龄比较大的学生、素质比较高的班级可能有效。有的班级从来都是在教师的高压下才能安静下来的，对于这种班级，偶用此法，或有奇效。有的班级班风很讲义气，"老师瞧得起咱们，咱们就不能给他添乱"，对于这种班级，有时客气会效果更好。

4．压低声音

教师讲课时，下面若有嗡嗡声，会不知不觉地提高自己的声音，放大音量，以压过噪音。其效果往往正相反，因为你企图压过学生的声音，客观上等于对他们的说话声起了掩盖甚至默认的作用，于是教师只好不断升高调门，结果成了师生嗓门大比拼。你一个教师"独唱"再生猛，也比不上一大堆学生"合唱"来得厉害，所以教师很累，有时甚至会弄到声嘶力竭的程度，而课堂则越来越乱，"趁火打劫"者越来越多。教师此时不妨来点"逆向思维"，当有学生说话声的时候，教师可压低自己的声音，而且把音调拖长，吟诗一般。这样做有不止一个好处。首先，教师音调的改变对全班学生有警醒的作用；其次，教师压低声音，就把那些学生说话的声音突出出来了，学生害怕被教师发现，就可能住嘴；再次，那些想听讲的好学生，生怕漏掉教师讲的内容，也有可能会劝止旁边说话的同学。

5．做手势

有很多手势都可以用来提醒或制止学生上课说话。这种办法的最大好处是教师不必开口,可以在沉默中解决问题,少分散学生注意力,避免把事情闹大。比如可以把食指放在嘴唇上,或用手做篮球场上的"暂停"动作表示噤声。当然也可以用手指点说话的同学,这种方式的缺点是容易分散学生的注意力,你指谁,学生就可能朝他那边看。拍手也是个办法。如果教师与学生关系比较好(特别是在小学),师生可以事先约定一些手势语,像暗号一样,我做什么动作你们做什么事情,这样可以在一定程度上把维持课堂纪律的行为游戏化,是很好的办法。

6. 题外话

上课发现学生交头接耳,或者注意力渐渐分散,目光暗淡下来,教师可以暂停讲课,说点题外话、学生感兴趣的事情、小笑话等,起到提神的作用。聪明的教师总是提前准备一些幽默故事,作为课堂教学的调味品。只有那些死板的教师,才会因为害怕耽误一两分钟而唠唠叨叨地讲下去,结果降低了一整堂课的听课质量。

7. 倒计时

教师可以提高嗓门宣布:"现在我来倒计时,看看能不能在我数到'0'的时候安静下来。10……9……8……"这种办法有时也能起作用。

8. 评比

教师说:"我来看看哪个小组最安静。好,第二组没有说话的了,第四组也没有了,第三组还有两个人说话,好,就剩第一组了。好!这才像个课堂。第二组应该发金牌!"

9．提示声

比如，可以准备一个铃铛放在讲台上，一旦学生说话情况比较严重，可以拿起来摇一摇。用哨子也可以，还可以用手机那样的彩铃，或放特定的乐曲。这些办法最好事先与学生约定，而且注意声音不要太大，以免影响邻班上课。

10．提示标语

教师可以事先做一个标语牌藏在讲台桌下面，在课堂较乱的时候拿出来。上面写上"拜托！闭嘴！"，"我很郁闷，你们不要讲话了！"，"你们还让不让我活了？"等。这种办法事先不要让学生知道，有戏剧性才有冲击力。稍带点玩笑性质较好。

11．提示道具

画一个人脸，嘴角向下表示愤怒，藏起来。在课堂较乱的时候，教师先沉默一阵，突然把这个人脸道具举起来，做游行示威之状。或者模仿古代官员出行时前面有人举的"肃静"的牌子，也有戏剧性。

12．做特殊动作

如果说话声音越来越大，局面变得难以控制，教师也可以突然做一些学生意想不到的怪动作，学生吃一惊，就会安静下来。这时教师可以说点维持秩序的话，然后讲课。

13．离开讲台

这也是一种特殊动作。教师做愤怒状，离开讲台，向教室门口走，或者向教室后面走。学生不知怎么回事，就会安静下来看个究竟。

14．小组齐声喊

安排某个小组或座位离教师近的几名同学同时齐声喊："请安静！请安静！"可以使全班安静下来。

15．大叫

不得已的时候，敲桌子大喊也未尝不是一种选择。但是要注意，此法不能多用，越是平日和颜悦色的教师，用这种方法越灵。我有一个学生曾对我说："您教我们两年，我只见您发过一次脾气。"我问："怎么发的？"学生回答："您一拍桌子，大喊'混账'！"可见此法有一定的"画面冲击力"。

16．扬言罢课

实在无法控制局面时，可以扬言"我不上课了，我走！"，这招轻易不能用，因为学生如果不买账，你就只能罢这堂课。

17．叫班干部请班主任或校领导来

这就等于宣告自己失败，需要外援，确实不是个办法，但特殊情况下也仍然是个办法，你总要有个办法应对学生吧。

以上办法，1—6属于"常规轻武器"，7—14属于"常规重武器"，15—17属于"核武器"，教师要根据具体情况有选择地使用，要轮换，还要经常研制新武器。经验告诉我们，这类招数一旦失去新鲜感，往往就不灵了。

有些教师也许会问：上课保持安静，这是最基本的行为规范，难道学生都不能遵守吗？为什么还要教师绞尽脑汁想出这么多招数来应对？这老师可怎么当？

确实，上课保持安静是学生的本分，不是什么高标准要求。情况本该是：只要有规定，学生就要遵守，教师只要发出"安静"的指令，学生就应该服从。果真如此，上面说的一大堆招数就都不需要了，教师就可以集中精力在教学上了。但这只是理想状态，理论上是这样的。有些学校、有些班级确实能做到这一点，那些教师就比较幸福，但多数教师未必有这个福气。其实不但学生，即使成年人，即使"为人师表"的教师，开起会来也常有嗡嗡声一片的镜头。这就是生活，这就是现实。规定有无效的时候，令有不行禁有不止的时候，惩罚有不灵的时候，更有罚不责众的时候。此时怨天尤人毫无用处，教师必须多几手准备。愚以为这不应被看作额外负担，而应被看作教师专业素质的一个必要组成部分。千万不要小看这件事，这也是一种艺术。

教师要注意，如果你的教学活动安排有问题，也会造成秩序问题。

……上课铃一响，弗雷德扫视了一下教室，然后宣布他要把全班分成六个小组，每组四到五人（让学生报数）。学生们一坐好，弗雷德开始分发纸张和地图册，为每组指定一个组长，并给出下列要求："把名字写在纸的上边。翻到地图册的第81页——非洲地图。你们的第一个任务是找到布基纳法索，并写下它周围国家的名称。"学生们立刻开始工作，我坐在教室的一边感到很纳闷儿，为什么弗雷德没有解释这样做的原因，以及下一阶段要做些什么。学生完成第一项任务时，弗雷德才提出更为详尽的要求：

同学们，注意一下……我找到了一些有关两个普通人的阅读材料——布基纳法索的米纳塔和坦桑尼亚的凯科。今天，你们要阅读有关这两个人和他们面临的问题的材料。然后，我希望你们思考一下他们的最佳选择。如果处在他们的位置，你会怎么做？（分发材料）

你们应该怎么做呢？首先，阅读文章并简单记下问题的注释。然后，把你的想法告诉你的组员。每个人都要写下代表全组想法的最终答案。组长在本阶段活动结束时，给出注释和最终的答案。找到布基纳法索的周边国家，你们就已经完成了第一个问题。在读凯科的阅读材料时，也同样找出坦桑尼亚的周边国家。还有什么问题吗？（他对几个问题做出了回答）这占8个学分。

后来，我问弗雷德为什么在解释他们将要做什么和提出总体要求（显然，这是"标准操作程序"的开始）之前，让学生开始活动。他毫不犹豫地回答道：

看，现在是春天，他们中学生，正遭受"春困症"的痛苦。如果我在刚进教室时就提出要求，一半人会听不到，我就不得不重复每一个要求。而这样，我把他们分成小组，让他们进行一项简单的任务——找到布基纳法索周边的国家。他们注意力集中了，然后我再提出要求，他们就都能听到了。

(摘自：卡罗尔·西蒙·温斯坦. 中学课堂管理 [M]. 第二版. 田庆轩，译. 上海：华东师范大学出版社，2006：126)

在学生昏昏欲睡的时候给他们布置一系列任务，当然是愚蠢的，甫说做，听都听不全。怎么办？可以说点题外逗乐的话提神，可以做点游戏提神，等学生进入状态，再入正题。但是，这些办法都会浪费一些宝贵的教学时间。弗雷德老师的办法是，从整体学生活动中找出最初的、最简单的活动（分组，查找某国周边的国家），先让学生动起来，用这种方法提起学生精神，集中学生注意力，等学生进入状态，再详细布置本堂任务。这实际上是找到了一个不脱离本次活动总体的"准备活动"，先"热身"一下。这是个巧妙的办法。

还有一个细节值得注意。分组之后，弗雷泽老师分发的只是纸张和地图册，直到交代了后续任务之后，才分发了阅读材料。如果他开头就把材料一股脑地发下去,则可能有的学生查找地图,有的学生已经开始阅读材料了(当故事看),势必造成混乱。学习用品分两次发,是很明智的。孩子就是孩子,我们不要把希望全寄托在他们的"自觉性"上,更不要以学生"不自觉"为借口,拒绝提高自身的教学技巧。你管理得好,课堂一般就不会乱;反过来,课堂乱了,就应该反思一下,我的管理是否有漏洞,我能不能做得更好一点,而不要一味地责怪学生。

课堂不同环节的过渡阶段,最容易出现秩序问题。应该注意些什么呢?

经验告诉我们,当课堂活动从一个转换成另一个,而这两项活动又差别比较大的时候,千万不可以轻易发令让学生转向下一个活动,因为一放开再收回来就不容易了。一定要趁课堂未乱之前,把前项活动的收尾工作、后项活动需要做的准备清清楚楚而又简洁明了地告诉学生,而且保证他们都听明白了,没有疑问了。也就是说,要保证从现在的安静局面到下一个安静局面之间,教师不再需要说任何话,只要监督学生行动就行了。

但是俗话说,林子大了什么鸟都有。无论你说得多么清楚明白,总难免有极个别的学生不能完全按你的要求去做,对此要有思想准备。但是千万要注意,教师首先要关注多数人,大局不乱最重要,只要大局不乱,极少数人犯糊涂没关系,等下一个活动开始了,全班进入正轨了,再抽时间处理个别问题不迟。比如说我要求学生下一项做课堂练习,人家都知道该做哪道题,某学生居然举手问,教师可以让同桌告诉他,而不必此时批评他刚才没好好听,否则你这种批评就会影响多数人。这个学生的毛病,最好课下解决。

这看起来只是一项教育技术,然而缺乏这种技术却会浪费教师的大量语言和精力,甚至会白生很多闲气。美国班额较小,一般30

人左右，我国班额大，40人是常见的，有些还更多。人越多这个问题越重要。如果学生不清楚自己下一步该干什么，教师一撒手，下文就是混乱。

还有，教师经常在教室里走动，也是保障秩序的一种重要策略。我教书多年的体会是，在讲台前站着和在行间走动，感觉是不一样的。如果你很少走下讲台，我几乎可以肯定你会滋长官僚主义。曾经有一个座位靠边的学生总是跟我抱怨上课歪着脖子听讲难受，影响学习效果，我批评他"睡不着觉赖枕头"，把他噎回去了。后来有一次小组讨论，我偶然坐在他的座位上往黑板那边看，发现确实难受，类似看电影时坐在最前排靠边上的感觉。我很内疚,对他说:"对不起，冤枉你了。"第二天我就宣布座位一周轮换一次。我无法减少班额，至少可以不让少数人变成歪脖和斜视。其实细想起来，教师走下讲台，和领导干部"下基层"的道理有相通之处，你总是高高在上，有些真实情况是看不到的。我曾有多年不给学生留家庭作业，或者说我让学生都在课上完成家庭作业（当然，你必须精练教学语言，把讲解时间压缩一半左右），同时我在行间巡视检查。我觉得这样做的效果比让学生回家做好得多，起码避免了抄袭，增加了个别辅导。

上面说的这些内容，专家们是不屑于研究的，其实这都是实实在在的能力，有没有这些能力，教学效果相差很多，而培养这种能力并不算太困难。愚以为这种课堂管理技术，应该是教师培训的一项重要内容，尤其对新教师，显得更为重要。

第五节　课堂管理的语言技巧

这里说的语言技巧，指的是教学语言之外的教师语言，我们可以大致上称这类语言为"管理语言"，因为在课堂上往往来不及展开教育性的语言。本节着重谈课堂管理语言的一般注意事项，至于应对突发事件的语言和应对搅局学生的语言，后面还要专门谈。

教师的课堂管理语言一般要注意以下几点：

1. 尽量简短，速战速决

课堂的中心任务是教学。课堂的教育作用，是在教学中进行的，不是脱离教学单独进行的。比如个别谈话，这是最重要的教育方式之一，它就不能在上课的时候进行。所以，课堂上的管理语言往往是被迫的，响应性质的，只有当教学出现障碍的时候，才需要管理语言，如果教学能行云流水一般进行，管理语言就是多余的。作为教师，我们巴不得每堂课都无须管理语言。因此，课堂上教师的管理语言就必须少而精，反应敏捷，速战速决。但是，我们发现教师常常做不到这一点。有时是由于教师语言啰唆，有时是因为教师语言失当，激起学生抵抗，有时是因为教师情绪化，成为发泄，这些都容易把管理语言拖长，挤压教学时间。

很多教师的说教语言已经形成了"自动化装置"，好像只要一按开关，现成的语言就会像自来水一样流出来，滔滔不绝。浪费语言，是许多教师的不良习惯，但他们很容易把责任推给学生。我一直在宣传这样的观点——不要在课堂上教育问题生，教育问题生应该在课下。一个学生犯错误，教师批评起来没完，让全班同学"陪绑"，这是极不明智的，不得人心的。一般也不要在课堂上明辨是非，查明真相。课堂不是法庭，课堂上出现问题，教师的首要问题不是彻底解决它，而是暂时稳住局面，继续讲课。

2. 第一句话一定要慎重

课堂出现纪律问题，教师进行干预，出言一定要慎重。第一句话说得对不对，好不好，往往决定着整个事情的走向和成败。比如教师看见有学生在座位上乱动，张口就说："你瞎动什么？"学生可能会顶嘴："我哪儿动了？"教师下一步棋就不好走了。因为如果没有录像做证据，这是很难说清楚的一件事。有些学生是有意和老师顶撞，有些其实不是，他真的不知道自己在乱动，属于下意识动作，他的申辩可能是完全真诚的。不管是什么情况，师生二人都可能因此吵起来。这类无谓的争吵在课堂上是很常见的，问题在于教师第一句话就说错了。教师如果问："你有什么事吗？"学生可能会回答："没什么事。"但是经过这样的对话，他可能也就不再乱动了，问题也就解决了。经验告诉我们，教师的第一句话，不要轻易做结论（即使你看得清清楚楚，也不要说死，留有余地好回旋），不要用指责的口气，不要用命令的口气，而要用询问的口气，千万不要讽刺挖苦。也就是说，你的第一句话应该是开放的，而不是封闭的，以便你后面可以进退自如。如果有学生明显的是要挑战教师，那你的第一句话更不要让他抓住把柄。比如你说："上课不要说话！"他如果正想和你打架，顺势就顶上来了："我没说！"你一生气，正好上当了，他本来就是要激你生气的。这时候如果你第一句换个说法："你是想发言吗？请说。"他反而被动了，锐气受挫，可能暂时就不进攻了。我常发现很多教师维持秩序的第一句话说得很傻，很没技巧。"第一句话怎么说"，其实是很值得研究的一个专题。非常可惜，我们这里很少有人踏踏实实拿这类小题目展开来研究（小题目展开就是一个大宇宙），研究者似乎都在弄一些大而空的玩意儿。

3. 拿规则说事，不要搞人际争斗

同样是维持纪律，张口说"你上课乱动什么"，教师就把自己置于学生的对立面了，结果很可能"引火烧身"，若说"请注意课堂纪律"，则教师有点像"置身事外"，我只是提醒你违反规则了，这当然会大大减轻学生的逆反心理。

从表面上看，后者不过比前者狡猾一些而已，其实这是两种不同的思维方式决定的。前者属于"人管人"（人治），后者属于"用规则管人"（法治）。于是你就会明白为什么法治社会比人治社会要相对安定了，人治其实就是一种激化矛盾的管理模式。

此事说起来似乎很简单，可为什么许多教师就是做不到"用规则管人"呢？因为他们的灵魂深处有一种控制欲（不平等思想），只要一和学生说话，就忍不住要耍威风，而用规则管人，管理者没有那么大的威风。这种人为了满足自己的控制欲，"引火烧身"也顾不得了。

4. 既表明态度，又不激化矛盾

有学生（中学）上课说："要给老师一个面子，保持安静。"这怎么回应？

回答：谢谢！我也可以给你一个面子，不来分析你的学习目的是否有问题。

某女生（中学）对老师说："老师，这节课我一直都很认真，你就让我去一下厕所。"老师知道，她只是要出去转一下。怎么回应？

可以这样答（面带笑容，和蔼可亲）：这节课我讲得更认真，所

以我不允许你去。(这是以谬论回应谬论。)

两个学生(中学)上课小声说话。老师问:"你们说什么?"学生回答:"在讨论学科问题。"教师明知这是假话,该怎样回应?

可以这样说:噢,这是好事。你们继续讨论,我听听什么问题?(即使他们是在说闲话,这样也就引回来了,不必过于追究。如果他们接下来张口结舌,讨论不出问题来,教师可以说:"怎么我一来,你们的智商就下降了?"然后走开。这是一种委婉的批评方式。大家心知肚明,不必说破。)

这样说话,既可以表明教师的态度,又不致激化矛盾,但这需要教师思维比较灵活,而且有幽默感。

5.用"让我们"代替"你们"

"让我们打开书本"与"你们打开书本",表面上只是语言技巧问题,其实是教师的自我定位问题。有时候你需要与工作对象"天人合一",咱们是一伙的,有时则需要与工作对象保持距离。这里面有教育哲学。

我感兴趣的是医生与教师的区别,因此我常常举医生的例子与教师做比较。医生的态度,是一种比较典型的科学态度。科学研究的前提是研究者与研究对象保持距离,保持某种张力,否则科学研究无法进行。科学家必须站在研究对象之外,才能冷静地、客观地观察和分析他的对象。也就是说,在进行科学研究的时候万不可"天人合一",合一就无所谓研究了,就像人无法看见自己的鼻子一样。即使是反思自我,也必须跳出自我,站在外面回望自我,否则反思也将无法进行。可见,距离不但产生美,也产生科学。我相信中国人科学意识淡薄,中国近代科学落后,与我们文化中的"天人合一"观念有某种内在联系。"天人合一"势必阻碍人对"天"(自然)的了解和探索。"天人合一"

的意识，有利于搞关系，不利于提高认识水平。

教育既是一门科学，也是一种关系。为了搞好校园人际关系，强调"师生合一"很重要，但是为了了解学生，又必须有某种医生的科学态度，要保持距离。所以从一定意义上可以说，教育的艺术，就是协调"联系"与"距离"二者关系的艺术。我们现在的问题是：在需要保持距离冷静研究学生的时候，我们搞"天人合一"，而当需要和学生打成一片、平等相处的时候，我们却又端起"师道尊严"的架子来，这当然很难做好工作。

在课堂上，多用"让我们"可能比较好，这会减少教师高高在上的感觉，拉近与学生的距离。

6．限制使用"你应该"

"你应该注意听讲"，"你应该按时完成作业"，"你不应该迟到"……这类话，可能是教师在维持课堂秩序时用得最多的。"应该"二字，几乎是教师的最爱，其实是最需要加以限制的。

"应该"是道德语言、行政语言，而不是科学语言。科学家不说"应该"，"应该"这个词反映的是说话者的主观愿望。对科学家来说，今天下雨，明天日食，都谈不到"应该"与"不应该"，这是客观事实，你得先接纳它，才可能研究它。所以我们可以有把握地说，一位教师如果满脑子都是"应该"，他肯定离教育科学越来越远，他会逐渐变成一个只会发号施令的管理者，而研究问题的能力则会日渐退化。

"应该"是指挥性的语言，而不是指导性的语言，更不是引导性的语言。它是封闭的。这种语言明显地藏有不平等的信息，弱化对方的主体性。所以，限制使用"应该"这个词，对提高教师的专业水平很有必要。建议每个教师都自觉地尽量减少这种表达方式，减到最低限度。

我曾经多次做过这方面的实验。比如学生动手打人，你可以说："你不应该打人，你应该与同学团结友爱。"但你也可以说："咱们来想想办法，看看不用动手能不能解决你的问题。"这两种说法都是允许的，但后一种表达方式的效果往往更好，因为它可以减少师生对抗的危险，而且把学生的思路引向研究问题、拿出对策，容易使学生平静下来。

当然，道德语言、行政语言在教育中也不可或缺，限制使用不等于禁用。"应该"这个词，该用的时候还是要用的，因为有些事情就是需要斩钉截铁，而有的学生偏就吃这一套。

7. 叙述事实

很多教师在课堂上遇到纪律问题，总是热衷于道德判断（分清是非），而在中国人的思维方式中，是非与好坏香臭是紧密联系在一起的（是即善，非即恶），也就是说，只要你说学生的某个行为是错误的，大家就很自然地会感觉这个"人"品德有问题，这就很容易引起学生的反感，进而可能酿成冲突。有鉴于此，我们就可以采用另一种说话方式——把事情和人剥离。冷静客观地摆事实，其实是一种很好的说话方式。你会发现，师生发生激烈争辩，焦点往往不在事实上，而在态度上。我们很多教师太热衷于上纲上线，动不动就对学生整体的人格做负面评论，这种情况下稍有自尊的人都会反抗的。比如说，教师的教案出了点毛病，校长立刻上纲上线，批评他"师德不好"，请问教师受得了吗？这样的推理合乎逻辑吗？（这叫不完全归纳）事实上一般校长都不会这样做的，他们会给教师留足面子。可是，为什么我们给成年人留面子，而对孩子却那样苛刻呢？莫非孩子的脸皮比大人厚？事实上正相反，孩子比成年人要娇嫩。所以我们不要随便用上纲上线的道德评价伤害孩子。就事论事，常常是解决问题的好办法。即使你亲眼看见学生20次不注意听讲，你最好也不要给他下结论："你就是不想学！"那太武断了，而且不会因为你这样"盖棺定论"他就改正。学生也许会反驳："上一堂课我就听得很认真"，或者干脆就自暴自弃了。你不如老老实实地说出自己看到的事实："你不注意听讲，我已经看见20次了。有办法解决这个问题吗？"这样，解决的希望反而更大些。即使不能解决，起码不致造成对立，也就是说，没有增加新的问题。

叙述事实，减少主观色彩，不轻易做人格评价，这是避免课堂上师生对立的重要策略。

8．把对方的话重复一遍

……如果有学生指责你处事极不公平，那么你就把学生的话再重复一遍。你或许可以这样说："那么你是说我处事不公平了，因为我对你有太多的期望了？"这样一来，学生就从你口中再次听到这些言辞，从而可以更容易琢磨这些言辞并解决问题。我们说了一些话，但等到由别人口中说出的时候，却发现听起来似乎很不一样了，这样的情况不是很多吗？

(摘自：雷内·罗森布拉姆-洛登. 你必须去学校，因为你是教师——250条使你的工作变得轻松愉悦的课堂管理策略[M]. 郑丹丹，译. 北京：中国轻工业出版社，2008：90)

这一条策略很重要。

人们说话时，尤其是带着某种情绪说话时，常常来不及冷静思考，所谓急不择言。甚至可以说，这时候人们并不知道自己在说什么，话语冲口而出。此时如果对方原封不动地把这些话重复一遍，可以促使你跳出自我看自我，你的站位变了，感觉就不一样了。你就有可能发现自己的话很愚蠢、很不妥了。这种策略有点像照镜子，看见镜子里面真实的自我形象，有助于反思。

教师完全可以采用这种策略教育学生——给学生的语言一面镜子，不动声色地教育学生。当师生发生激烈争吵的时候，如果有人当时一声不响地做个录音，事后放给双方听，可能师生都会脸红的。重复对方的语言这种策略，其实就是不等到事后，当场就给对方举起一面镜子，帮他看到自己的真面目。

顺便说一下，洛登老师的这个策略相当巧妙地运用了心理学知识，但是并未挂心理学的牌子，并未举心理学的旗子，她说的都是大白话。愚以为这是理论和实践真正的结合，是活的心理学。这种心理学是用来解决问题的，不是用来唬人的。

9．先表扬后批评，不是好办法

有些教师鉴于批评时学生顶嘴的教训，往往采用一种先表扬后批评的办法。比如说："你一向表现很好，为什么今天上课说话？""你做值日表现很好，若是作业也能按时完成，就更好了。"这种说话方式比较委婉，一般不会招致学生顶撞，但是我不赞成这种办法。这有点像权术。

表扬后面紧跟着批评，会使学生觉得教师的表扬不真诚。教师的这种表扬也往往确实不真诚，先说两句甜言蜜语，不过是为后面的批评开道而已，骨子里还是批评。这种小花招很容易被学生识破，而且会使学生反感，降低教师的威信。批评就是批评，优点可以换一个时间再谈。

还有的教师每当表扬学生之后都要"指出不足"，据说是生怕学生"骄傲"。这是很好笑的。须知骄傲并不是发现自身的优点造成的，一个人发现自身的优点，会增加自信，只有夸大自己的长处才会产生骄傲。防止骄傲的主要手段应该是恰如其分地表扬其优点，而不是同时拿他的缺点吓唬他，那样只能使他对自己的认识更加模糊。

为什么有些学生忽而狂妄自大，忽而又很自卑？原因之一就是教师、家长经常向他们输入极其矛盾的信息，他们的小脑瓜乱了套了。

表扬后面紧跟着批评肯定不好。批评后面紧跟着表扬好不好呢？很多教师都习惯于用此种办法，把学生批评一顿之后，表扬几句，作为安慰剂，所谓"打一巴掌揉三揉"。我觉得这也容易给学生造成教师虚伪的印象。事实上只要批评合情合理，分寸合适，是不需要事后安慰的。事后安慰往往是教师发现自己做得过分而采取的补救措施。当然，这种补救有时也需要，但毕竟是不得已而为之，并非上策。

10．发出双重信息

某教师对某个女生相当生气，但在对学生表示不满的整个过程中，她都把手搭在学生的肩膀上。这位教师实际上是通过这样一种方式，隐晦地告诉学生，我们是朋友。

这种策略我也曾用过。比如，我常常在批评学生的时候帮他掸掉衣服上的灰尘，或者把他书桌上放歪的课本摆正等。我感觉效果不错。

前面说过，不要向学生输入矛盾的信息，以免他的头脑发生混乱，但那不是绝对的，有时恰恰需要同时发出矛盾的信息。我批评你，这是诉诸理性方面的信息，对你有压力；可是我同时拉着你的手，这是诉诸情感方面的信息，表示我关心你。这种矛盾其实并不矛盾——两种信息都是教育。

要注意的是，这两方面都必须真诚。批评应该是诚恳的、实事求是的，情感关怀的小动作也应该是真心实意的。如果批评的语言有辱学生人格，很是刻薄，又假惺惺地搂着学生的肩膀，那可要不得，学生会感觉"这老师够阴的"，结果就很不妙了。

11. 幽默的语言

……孩子们会有他们自己的借口，比如，"我迟到是因为闹钟没有响的缘故。"其实这个学生知道（我也知道）自己为什么迟到，因为闹钟响过后她又重新入睡了……于是我鼓励学生最起码要编出富有创意的借口来博我一笑。结果我碰到了这样一些有趣的借口，有学生说在布鲁克林的弗莱特布什大街遇到了一大群野牛的攻击，有学生说昨天深夜有小偷潜入他们家，偷走了他辛辛苦苦完成的作业。

不要害怕，我仍然会让学生为自己的行为后果负责——只不过我一边惩罚学生，一边自己偷偷发笑而已！

(摘自：雷内·罗森布拉姆－洛登. 你必须去学校，因为你是教师——250条使你的工作变得轻松愉悦的课堂管理策略[M]. 郑丹丹，译. 北京：中国轻工业出版社，2008：107—108)

这样做有什么意义呢？可以活跃气氛，搞好师生关系，同时并不妨碍惩罚。我说过，惩罚也应该有多种色彩，对于某些小错，开玩笑式的惩罚其实效果更好。

另外，巧妙的是，学生编出的谎话越有创意，就越不可信，实际上等于变相承认自己在说谎。而且，这也是一种智力测验，对活跃学生思维亦有好处。

我个人也常用幽默方式维持课堂秩序。比如，有一次学生特别浮躁，整个课堂动荡不安。我于是说："你们知道我现在的感觉吗？"学生的注意力被吸引过来了，我接着说："我感觉自己是在公共汽车里。"学生都笑了。可是笑过之后，秩序就好多了。我想，教师应该尽量避免用剑拔弩张、疾言厉色的方式维持纪律。有幽默感的教师不妨多用幽默方式，缺乏幽默感的教师用这种方式有些困难，但也可以学一学试试。

12. 心情不好，告诉学生

每个人都有心情不好的时候，教师也一样。告诉学生，向学生求助，学生会感到教师和他们一样是普通的人，这会增加亲切感，密切师生关系。这比端着架子硬充圣人强多了。比如你可以对学生说，今天我身体不好，影响了心情，请各位同学多多关照。一般说来，这堂课的纪律会比平时好一些。

但是这种办法不可多用，否则会降低教师的威信。教师在学生面前应该是真实的，但不是绝对的真实，毕竟你还要为人师表。

第六节　课堂突发事件的处理

要建立有秩序的课堂，必须学会处理课堂突发事件。课堂突发事件，有些是可以预知预防的，有些则很难预知预防，但无论哪种情况，教师都应该事先了解且备有预案。缺乏思想准备是很危险的，教师容易惊慌失措，或者举措失当，或者延误时机，弄不好会造成难以挽回的后果。所以，关于课堂突发事件的预防及处理，应该是教师培训的必备内容，每个走上讲台的教师都必须知道。教师的专业技术比赛，也应该纳入此项内容。

下面展开来谈这个问题。注意这里说的突发事件都不是有意针对讲课教师的，有意针对教师的突发事件，我称之为"搅局"，将在下一节专门加以论述。

1. 吃东西

我国中小学课堂上通常不准吃东西，因此学生吃东西，可以算做轻微的突发事件。有些教师把这件事看得很严重,觉得学生上课居然大嚼东西,成何体统,简直是不把教师放在眼里。愚以为不必这样紧张。一般说来,提醒一下,制止一下就可以了。能用表情动作提醒,就最好不用语言。有的学生当时停下来,过一会儿又偷偷吃起来,如是几次,教师容易发火。愚以为只要不扩散,教师可以暂时不理,下课再询问原因。因为上课吃东西若屡教不改,就不再是突发事件,而成了行为习惯问题或心理问题,那是需要诊疗的,课上无法诊疗。如果班里上课吃东西的现象有蔚然成风的危险,那要采取预防措施,不准学生带零食进学校,或者集体保管食物。这需要家长配合,学校的有关规定要早点通报家长。

2.传纸条

上课传纸条是几乎每个教师都会遇到的事情。一般教师见到学生传纸条,马上就会伸出手来,让学生交出来,但学生有时死也不给,于是酿成师生冲突。我主张轻易不要没收这种纸条,因为这往往涉及学生的隐私。我们最好把传纸条这件事与纸条的内容区分开来对待。上课传纸条是错误的,不等于教师就有权看纸条上的内容。教师只要制止这种行为就可以了。如果学生不改,也不抵抗,可以收过来,但是不要看内容,下课还给学生就是了。有些纸条内容是涉及早恋的,千万注意不要把其中的内容在班里公开,更不要轻易通知家长,那是很危险的。如果确实需要干预,也要下课以后找学生私下谈话,而且答应为学生保密。请注意现在学生很开放,很多人从传媒上学了一些流行语,可能显得很不雅,他们也未必真懂其中的意思,尤其是小学生,就在那儿乱写。比如,有的男孩给女同学写小条,张口就是"老婆"。教师拿来一看,大惊失色,觉得学生真是堕落,这种话怎么说得出口,太不要脸了!可是周围同学对此却满不在乎，于是教师非常郁闷——现在的学生怎么这样！其实对此不必太认真，学生往往是信口胡说而已，教师不要用成年人的想法来看待。当然，也要制止，只是不要做"卫道"之状就是了，否则学生会觉得这位老师很可笑的。有的学生上课写日记，也不要没收，让他收起来就是了。

3．玩手机

上课玩手机、发短信、上网，或者用 MP3 听音乐，这些事也是教师在课堂上常常遇到的。关于是否允许学生带手机到学校，目前尚无一致意见，各个学校的做法不同，但是上课之时不允许玩手机、听音乐，这是没有争论的。所以学生这样做教师必须制止。问题在于要不要没收。对此我的看法是，只要提醒能解决问题，最好不要没收，以免学生冲动，造成对抗。如果学校有规定，允许没收，教师师出有名，也可以把手机之类的收上来，但是不要查看上面的短信内容，而且一定要及时还给学生，因为这个东西的所有权属于学生，教师不过是为了维持课堂纪律临时替学生保存而已。最好当天就还给学生，若在教师手里保存几天或更长时间，千万要放到安全的地方，否则一旦丢失，就不好办了。有的学生等不及，自己偷偷拿回去，也会酿成冲突。有些教师没收之后把手机直接还给家长，此事务必慎重。有些教师把没收学生心爱的手机、MP3 当作杀手锏，趁机让学生做出多种保证，打算一下子解决很多问题。经验告诉我们，这种做法不但常常达不到目的，而且容易激起学生强烈的逆反心理。愚以为最好一码说一码，不要幻想抓住一个把柄就能把学生治得服服帖帖。

4. 看课外书

　　学生上课看课外书，教师的反应常常很强烈，因为教师会认为这是学生对教师的蔑视，对课堂规则的挑衅。没收课外书是"必须"的，如果认为课外书内容不良，少不得还要奚落几句。教师要收书，学生可能拒交，教师只好伸手去抢，形成师生拔河的场景，造成课堂突发事件。其实学生看课外书有许多不同的情况，有的是赶时髦，有的是见同学看好奇，有的是怕同学闲谈时插不上嘴而遭到嘲笑，有的确实是有兴趣，有的是青春期萌动，教师一律斥之为"不好好学习"是很莽撞的。事实上我们成年人如果回忆自己的学生时代，上课完全没看过课外书的人很少。所以，我主张对上课偶尔看课外书的学生持宽容态度，提醒他收起来不要再看就行了。比较难办的是屡教不改的学生。这种学生有的是确实听不懂，不看课外书闲得难受，有的是早就学会了，不看课外书也闲得难受，也有的是痴迷了，像得了网瘾一样，被课外书迷住了。对这些学生，单纯禁止不能解决根本问题，要进行个案诊疗，找到每个人看课外书的具体原因，区别对待。这里不来细谈。单从课堂管理角度，我主张像手机一样，能不没收就不没收，不得不没收，最好当天就还给学生。有些学生看的课外书是向同学借的，不能按期归还，他会感到很为难。

5. 睡觉

　　学生上课睡觉，也是教师很反感的事情，连孔夫子都受不了。其实从生理上说，人若不困，他是不会睡觉的，少年儿童正是精力充沛的年代，学生上课睡觉，很可能是他确实累了，确实缺少睡眠，或者教师的讲课确有催眠作用。这种情况下，即使他强打精神听讲，效果也不会好。所以我主张，上课个别人睡觉，可以不管他，索性让他睡，下了课再问问他是怎么回事。但有的学生睡着睡着居然打起呼噜来了，引起笑声，扰乱课堂，那当然要把他叫醒，但也不必当时让他难堪，下课再问情况为好。如果班里有不少人昏昏欲睡（下午、夏天这种情况较多），那就最好调整一下讲课方式，或者做点提神的活动，然后再讲课。也有个别学生上课经常睡觉是因为有病或者生物钟与众不同，最好仔细了解，课上不必批评。总之，学生上课睡觉，我是比较同情的，尤其是在课业负担日益加重的今天，孩子普遍睡眠不足，对于上课睡觉的学生，教师不要轻易扣厌学的大帽子。真正彻底厌学的学生，上课你不让他睡觉他会捣乱，从全局考虑，还不如让他睡觉好。

6．突然喊叫

大家正在上课，有学生冷不防喊叫起来，这对课堂秩序的破坏是很大的。这时候教师千万不要愤怒，因为出现这种情况，学生有意捣乱的可能性很小，多半是情绪失控了。常见的可能是，被什么东西吓住了，因而惊呼，被什么东西碰伤、刺伤、压伤了，痛得大叫，也有做白日梦（走神）忘情大叫的。总之，无论哪种情况，教师首先要做的事情是询问："什么事？你需要什么帮助吗？"学生如果说明了情况，比如他不小心用小刀把手拉破了，找一个班干部送他去医务室就行了，继续上课，要若无其事。学生如果说"没什么"，教师也暂时不要追问，因为他不说，必有难言之隐，宁可下课单独询问。如果学生喊叫惊动了周围同学，引起骚动，那教师首先要稳住大局，再行询问。如果有学生对此表示不满，斥之为"神经病"，教师要劝止，不要给他造成过多压力。即使有个别同学是故意喊叫，一般也不要和他纠缠，下课再说。处理这种事，教师不要当时就想弄清是非曲直，在那种气氛下，大家难以冷静对待，再说上课也不是讨论这些问题的时候。

7. 异常动作

有时候上课时某个学生会突然出现异常的动作，摇头，趴在桌子上，手脚乱动等等，造成同学恐慌。这时候教师要走到学生面前，看他能不能停下来，如果不能停，特别是有抽搐现象，那要赶紧通知学校送医院。癫痫病等会有此种现象。如果教师走到他面前他能够停下来，那可能是一时失控，教师可以提醒他或简单批评一两句，继续讲课。另外，如果教师发现某学生动作异常，但不像是有病，动作也不大，对周围没有什么影响，也可以暂时不理，课下再询问原因。

8. 无端哭泣

上课突然发现有学生哭，首先要看情形如何，是大声哭，还是小声泣。如果是小声泣，就不要当着全班同学询问原因，而找个同学看书或做练习的机会，走到他座位面前小声询问。最好不要直接问："你为什么哭？"而问："你需要什么帮助？"如果他确实需要帮助，需要离开教室，他就会告诉教师，教师可以让班干部送他出去；如果他说"没事"，则教师不要追问，但下课以后要询问一下。但学生不愿说，也不要刨根问底，因为这可能会涉及孩子的隐私。教师（尤其是班主任）如果觉得此事必须搞清，那要采取迂回战术，不要硬问。如果某学生上课突然放声大哭，情绪失控，教师只好停止讲课处理此事。但若发现学生不愿说明原因，也不要追问，找个班干部把学生送到教师办公室休息即可。注意告诉这个班干部，你必须把这个同学委托给办公室的其他教师之后才可返回，否则要一直陪他到下课。这种情况可能是孩子遇到了比较大的事情，要重视，事后必须问清原委，采取对应的措施，但课上不宜做此事。科任教师发现上课时学生哭泣，事后一定要把有关情况通报给班主任。

9. 无端骂人

上课学生无端骂人，教师首先要注意观察他朝什么方向在骂，被骂者一般也会有反应。如果骂人有具体对象，这就是吵架，对策请看下面第 10 条。比较特殊的情况是，他在那里骂，却没人接茬，这有可能是自言自语，就是他心里在恨某人，一时失控，嘴里骂出来了。这种情况可以从他的表情看出来，一旦失言，他会显得很后悔，或者很害怕。我主张遇到这种情况，教师看他一眼，只要他不再继续骂，教师可以若无其事地继续讲课，连批评都不批评。但下课时，教师要当众宣布："你跟我到办公室来。"这是在告诉全班同学，骂人不行，必须批评，我刚才没有批评，不是放纵，而是顾全大局，等秋后算账。无论什么原因，这种学生上课骂大街，课后必须批评。

10. 吵嘴

上课突然有学生吵起来了。这时候教师首要的任务并不是批评他们扰乱课堂秩序，告诉他们多么多么不懂事。这是废话，而且说得不是时候。教师此时也千万不要企图分清是非，判定责任，那是以后的事情。当务之急是让吵架双方停止争吵。告诉他们，下课再论是非，一定秉公处理，现在需要的是冷静和闭嘴。如果周围有同学乘机起哄，或者敲锣边，给同伙帮腔，一定要先喝止他们，扫清外围。双方若仍不依不饶，可以选择稍微冷静的一方，劝其离开教室，以便脱离接触。如果还做不到，就要让班干部去请学校有关领导，教师则坐镇教室，关注事态发展。整个过程中教师要注意说话保持中立姿态，即使某一方明显理亏，也暂时不要下结论。还有一点特别要注意的是，遇到这种事情，教师往往不分青红皂白就批评那个最先大声争吵的学生，这很容易冤枉人，扩大事态，甚至把学生吵架的矛头引向教师自己。比如一个男生小声骂邻座女生，骂了又骂，把这个女孩子惹急了，大声骂起来，震动全班。教师没听见那个男生骂人，只听见女生骂人，于是针对这个女生大批特批，那个男生却在底下偷着乐。如此，教师就很失败了。所以一定要注意，有人吵架，最好先不分是非，只顾暂时息事宁人，有什么事课下再说。这样比较明智，不易上当。

11. 动手打架

上课时有学生突然动手打架，这种情况比较少，但偶尔也会有，要有准备。这时不由分说，最重要的事情是把打架者拉开，让双方脱离接触。如果当时不能平静下来，可以把其中一人换到较远的座位，不论是非，先继续上课。麻烦的是有时候拉不开。这时候要注意，有的打架双方（一般双方都是男生）用大个子男生可以拉开，有的用女生干部可以拉开，有的教师拦在中间可以拉开，要看学生个性如何。教师遇到学生打架当然责无旁贷，但拉架时也要注意自身安全，特别是女老师。学生（尤其是人高马大的中学生）情绪失控，是很危险的，教师要特别注意学生手中是否有硬物或利器，发现情况不对，要及时呼喊，让周围同学撤离，同时让班干部赶快报告学校领导。如发现有学生乘机起哄，拉偏手（偏向一方），打太平拳（浑水摸鱼乱打人），一定要坚决制止。

这是比较严重的打架。也有些是比较轻微的，那就不必兴师动众了，震动面越小越好。20世纪80年代我教中学的时候，有一次正讲课讲得好好的，一个女生突然红着脸，非常愤怒的样子，离开座位，冲向前面好几个座位，猛踢了一个男生一脚。这个男生却一动不动，没有反抗。全班同学都惊呆了，愣愣地看着我，等我处理。这是怎么回事，我已经猜出了几分。我若无其事地继续上课。等到下了课，我走到那个男生面前，对他说："你是不是讨厌来着？"他冲我傻笑。

至于那个女生，我根本没批评她扰乱课堂秩序，因为她平时不这样，这次显然是那个淘气包把她惹急了。这种情绪失控，是几乎每个人都会有的，属于正常的人性，不宜上纲成品德问题。我这么处理，事后也没有一个学生埋怨我"不够严格"，人同此心，大家能理解。

12．丢失东西

上课时突然有学生报告丢了东西，有些教师就停下课来进行询问调查，甚至翻同学的桌斗、书包。这种做法不妥，随便翻学生的书包缺乏法律依据。比较好的办法是让学生等一等，下课再调查解决，但对报告人也不要轻易批评，因为孩子丢了自己心爱的东西，一时激动，报告老师，恨不得马上找回来，也是可以理解的。除非很特殊的情况，丢失物品的问题不要上课时解决。

13．要求上厕所

上课是否允许学生去厕所，这个问题在我国有争议。我个人的看法是，可以去，尤其是那些偶尔提出这种要求的人，他可能是下课时忙什么事情，或者玩疯了，忘记去厕所了，上课才感觉憋不住了。让他去，同时提醒他，下次注意，应该在课间解决。若有个别学生经常上课要求去厕所，那应该查一查他是否身体有病。若并无疾病的原因，那这可能是一个问题生，需要个案诊疗，不要企图在课上通过教育解决这个问题。班级若出现一帮人起哄都要上厕所，那就是班风出了问题，已经不是简单的上厕所的问题了，要集中教育。如果学校有统一规定，上课一律不准去厕所，那应该事先对学生讲明白，遵照执行，但特殊情况（比如拉肚子）还是应该照顾。

14. 突然生病

教师上课的时候，不要旁若无人地讲说，而必须随时注意学生的状况，这不但是教学的需要，而且是一种超出教学任务的人文关怀。教师要留心每个学生的表情和脸色，如果发现学生有脸色苍白的、鼻子流血的、显出痛苦神情的、手捂肚子的、身体颤抖的、趴在桌子上的、呕吐的、发烧的等等情况，要停止讲课，上前询问。只要情况显得严重，就一定要送去医务室检查，学校没有医务室，要去医院，并通知家长。这种情况宁可先让学生上自习，或者把课堂委托给其他教师，班主任要亲力亲为，不可交给其他教师办理。如果学生突然晕倒或抽搐，必须及时叫救护车，马上通知学校和家长。学生有病，不要轻易让学生坚持到下课，教师不是医务人员，不知深浅，宁可把事情想得严重一些。即使怀疑个别学生装病，也宁可信其有，不可信其无，将来查清是装病，再回头教育他不迟。

15. 无故离开教室

学生无故离开教室，教师必须阻拦，如果拦不住，一定要跟出去（安排学生先自习），及时通知门卫，不准学生出校门。

16. 家长来找孩子

有时候，正上着课，忽然来一个学生家长，要找自己的孩子有急事。这种情况下，教师不能让家长进教室，也不能允许家长在门口、窗口乱嚷，而要问清情况决定如何处理。如果家长是来打孩子的，教师不可以把该孩子交给家长，而要好言相劝，让他到办公室平静平静，再做理论。

17. 校外人员欲闯入教室

有时候，来闯课堂的不是家长，而是校外其他人员，他们是要把某学生叫出去打一顿。或者是某个学生在学校受了欺负，家长来找对方，替孩子报仇。这种情况下一定要把他们拦在教室门外，派班干部赶快去找学校领导。如果对方很嚣张，就要正告他："这是学校，是受国家法律保护的地方，你们若不经允许私自闯进教室，要负法律责任。"

18. 教室周围出事

有时候正上课，教室周围出了什么事情，会引起学生骚动。比如邻班学生打架，师生冲突，或者邻班有什么活动，声音很大。如果学校紧邻街道或公路，外面的交通事故、突发刑事案件也会引起学生骚动。这种情况下最重要的是守住教室门，不要让学生出去，也不允许外人进来。根据情况，再决定下一步的措施。

19. 天气突变

天气的突然变化也可能引起学生骚动。比如暴风雨、惊雷、冰雹、下雪等，都可能使学生好奇地兴奋起来，胆小的孩子会惊叫。这种情况下，教师不要急于让学生安静下来听讲，最好给他们一点时间让他们东张西望，让他们兴奋，满足他们的好奇心，强行弹压，反而会耽误更多时间。

20. 停电

停电如果发生在晚自习，我主张索性告诉学生，这是给你们一个养神或聊天的好机会，你们可以自由，但是不准离开座位，以免发生踩踏事故。

21. 失火

周围失火，要带学生有秩序地迅速撤离。让班干部带队，教师殿后。如果本班学生不小心弄着了火，要组织少数学生迅速扑灭，同时让多数学生有秩序地撤离。这种情况下最怕乱，乱就容易出现踩踏事故，教师一定要非常清楚地告诉学生（大声喊）谁留下灭火，其他人按什么顺序，从哪个门撤离，谁带队。也就是说，要用最短的时间清楚地分配任务。

22. 重物落地

有时候教室上方会有重物突然掉下来。比如吊灯落下，墙皮、砖头掉下来等，可能把学生砸伤，也可能引起混乱造成二次灾害。这时一定要首先喊住没有危险的学生别乱动，以免发生踩踏事故，然后迅速查看有没有学生被砸伤，再抬头看看会不会还有重物继续落下来。有受伤的就送医院，教室若有隐患，应该带学生撤离，并报告学校。

23. 教室发现动物

教室里出现小动物，学生难免会骚动。比如飞进小鸟、蝙蝠，爬进老鼠、刺猬、蛇、昆虫等。也有的男生淘气，把虫子放在女生的铅笔盒里，胆小的还被吓得惊叫。这种情况下要特别注意该动物有多大危险性。如果是鸟类或昆虫，告诉学生没事就可以了，但如果是蛇，就要赶快组织学生躲开，或者把它制伏。教师（尤其是女教师）一定要镇静，如果教师带头惊叫，那就容易出现踩踏事故。

24. 地震等灾害

地震和火灾、泥石流等灾害的预防，学校应该是有演习的。遇到地震，教师要安排学生有秩序地迅速撤离，自己一定要走在最后。

以上突发事件，说的都是如何处理，其实有很多是可以而且应该预防的，教师平时应该多在预防上下工夫，把工作做在前面。

第七节　搅局行为的应对

要建立有秩序的课堂，还有一类突发事件是教师必须学会应对的，那就是搅局。所谓搅局，是指学生在课堂上节外生枝，把教学内容引向歧途，破坏课堂气氛的言行，主要是语言。搅局行为有挑逗性，往往引得学生哈哈大笑，然而你一时又无法认定这种学生违反了课堂常规，因为单就行动本身来说，它可能是"合法"的。这就把教师放在了尴尬的境地。此时如果发怒变脸，显得不够风度，而且影响下面讲课的情绪，甚至可能出现争执，而如果教师不予理睬，则等于打败一个回合，可能会降低威信。所以，对于搅局行为，教师必须有足够的机智，不失风度地予以恰当的回击，既维护课堂的尊严与教师的尊严，又使对方哑口无言，不至恼羞成怒。搅局行为可以说是针对教师智力的测验，是对教师应变能力和口才的"面试"。搅局行为最能验证一个教师的聪明度。

搅局虽然都有破坏性，但从搅局学生的主观意图看，有些并不算恶劣，他并不是想挑衅教师，只是口无遮拦，或者想出点风头而已，而有一些则不然，情节恶劣，有明显的敌意，或胡搅蛮缠，或对教师进行人身攻击。针对搅局的这些不同色彩，教师要给予不同色彩的回应，火候和分寸一定要掌握好。此类问题没有标准答案，要因事制宜，因人制宜，所以我多举点案例，以活跃老师们的思路。下面的案例，多数是一位叫作"思考着"的网友提供的，他向我咨询，我做了回答。收入本书时，我做了一些文字修改。在这里向"思考着"等老师表示感谢。我的这些回应，仅供读者参考。

这些例子，我大体上按情节轻重的顺序排列：非挑衅性的搅局——中间型的搅局——挑衅性的搅局。

◆ 数学课上，老师问学生："微积分是很有用的学科。学习微积分，我们的目标是——"那老兄当时思想正在开小差，遂不假思索高声道："没有蛀牙！"全班爆笑。

此事不必追究，笑笑过去就是了。可以活跃课堂气氛。

◆ 高中上劳动课。老师是个老头，自我介绍说："我叫吴树山。"一学生突然来了灵感，马上接道："西北望长安，可怜无数山。"全班爆笑，老师面色铁青，罚这个学生干重活。

我若是这位吴老师，我会说："好小子，脑子挺快！"这样就过去了。我可能会喜欢这个孩子的，他没有恶意。教师面色铁青，无乃太累乎！

◆ 教师在写板书，突然有学生说："老师，你写的那字也能算字？！"全班同学都笑了。教师无法反驳，因为他的字确实不怎么好看。于是他只能当作没听见继续上课，事后又觉得这样不好，但是又想不出更有力的说辞。

这是学生给老师下马威。如果教师的字确实不大好，顾左右而言他，可能是个办法。这是撤退，虽然退得不大体面。挽回面子的办法就是教师赶紧练字，争取不久后给学生一个惊喜。但过一段时间，还是要教育这个学生，不得如此无礼，要给老师道歉。即使说实话，也要讲礼貌。这种教育最好由另一位老师来做。

如果教师当时实在咽不下这口气，也可以这样回应："你说我的字写得不好，以后凡是需要板书的时候，都由我来说，你来写，好不好？"将学生一军。估计学生不敢应战，教师也就下台阶了。如果学生居然应战，那就只好先照此办理，课下要做工作，了结此事。

◆ 在一节英语课中，学习的主要内容是"职业"，学生熟练地朗读："engineer, engineer 是工程师；artist, artist 是画家；cleaner, cleaner 是清洁工。"突然，有个声音特别响亮刺耳："cleaner, cleaner 是扫大街的。"引来了一阵嬉笑。只见一个叫静的女孩子，趴在桌子上，眼中泛着泪花，求助地看着我，同学对着她指指点点："老师，静的妈妈就是个扫大街的。"那刺耳的声音再次响起。找到声音的来源，原来是杰，静的头更低了。此时，作为老师，你说我应该怎样回应？

看起来这是小学的事情，而且像是低年级。如果确是这样，教师应该岔开话头，继续讲课。等到课下，再找这几个嬉笑的学生做工作，让他们以后不要这样嘲笑静。之所以不当堂解决，是因为那样会使静更加难堪。童言无忌，不必看成严重的道德问题，但是要教育，这是个教养问题。

◆ 上高中时，英语老师（一个五十岁左右的中年妇女）嫌我们几个男生不听讲，遂大骂："你们想什么呢？"我当时懵了，也不知怎么的就说了一句："想你呢！"教室里静默半晌，同学们一双双惊恐的眼睛在望着我。老师待了一会儿，指着我大骂："你就是一个臭流氓！"我冤呀！

我若是这位五十岁左右的中年女老师，我会很坦然地对他说："不可能。我可不当替罪羊。（转向全班）同学们，你们知道他在想什么吗？"这样一引，大家的玩笑就会冲这个同学去了，老师就摆脱了尴尬处境。骂学生流氓，是最笨最笨的一着棋。

◆ 某同学上地理时打瞌睡，地理老师不满，遂问道："×××，你回答一下，黄河和长江在图中编号为几？"该老师地方口音较重，男生没听清，呆呆而立。旁边一女生小声提醒道："2，3。"由于声音小，语速快，该男生脱口而出："哈萨克斯坦。"全班轰然而笑。老师面呈青灰色。

若我是教师，会这样回答："这么大两条河出国去，是你给办的护照吗？"缺乏幽默感的老师自己活得累，而且不招学生喜欢。

◆ 一位教师执教《麻雀》一课。教师问："麻雀妈妈是怎样跟猎狗进行搏斗的？"一个学生冷不丁地说："老师，这只大麻雀不一定是妈妈，也许是它爸爸。"教师猝不及防，愣了一下，然后顺着学生的思路问："你是根据什么认为它是麻雀爸爸的？""因为书上没有说是麻雀爸爸还是麻雀妈妈，我是猜的。"别的学生受到启发，思维开始活跃起来，有的说是妈妈，有的说是爸爸，争论个不停。一个胖乎乎的小男孩不满地嚷道："说不定还是麻雀爷爷呢！"教师一脸茫然，不知如何作答。

愚以为对第一个质疑的学生应该表扬。这不是个课堂纪律问题，而是一个学术问题，不属于搅局。可以建议学生查找有关资料，看看小麻雀的抚育，其父母是否有分工。表扬了第一个学生并提出了建议，后面胖乎乎的男孩的发言就可以避免了。

注意，遇到课堂突发事件，首要问题是确定其性质，之后才能准确回应。

◆ 王老师讲《孙悟空三打白骨精》，让学生发表自己的意见，最欣赏或崇拜其中的哪个形象。一学生说："我最欣赏白骨精，因为她为了吃唐僧肉锲而不舍，这种精神值得我们学习。"王老师首先肯定了学生喜欢动脑，认为是在欣赏一种追求，然后她拿唐僧与白骨精的追求做比较和分析，让学生们自己谈究竟哪一种追求更有意义。王老师说，这种情况下既不能"学生说什么就是什么的尊重个性"，也不能一味地去打击学生。不仅在课堂上，平时在家庭教育时也应同样如此，遇到一些孩子很奇特的想法，家长不应一味地去肯定或否定，而应该多思考如何去正确引导，这样才能让孩子有正确的价值观和人生态度。

我不大赞成这位王老师的做法。

虽然我一向主张语文学科第一位的任务是语文能力培养，第二位才是精神境界的提高。但是我们不要忘了，从战略角度看，教学生"做人"毕竟是学校的根本任务，而且在这个具体的"学生欣赏白骨精"的情境中，道德问题已经上升到了第一位，教师对如此的是非问题，旗帜必须鲜明。

王老师面对此事，首先把它看成一个是否"喜欢动脑筋"的思维灵活性问题，愚以为不妥；王老师没有明确表示自己的道德立场，也不妥；王老师认为教师表示不同意见就是"打击学生"，更不妥。指出学生的错误是教师不可推卸、不可躲避的责任。实事求是地指出一个人的错误，怎么是"打击"他？难道警察制止公民违反交通规则也是"打击"人吗？

我看不出这个学生在这件事上有什么值得表扬的地方。

即使单从语文教学的角度来看,王老师的处理也缺乏专业水准,没有分清褒义词和贬义词。

但是我并不主张严厉批评这个学生,教师毕竟不是警察。我也不想强迫这个学生改变他"欣赏白骨精"的立场,持什么道德立场,是他自己的事情。我的任务首先是向全班同学表明我的立场,这涉及道德风气,不可不辩。其次是尽可能引导这个学生改变错误认识。

我会怎么做?

全班学生都愣住之后,我启动对话:

"请问,在你看来,白骨精是好人还是坏人?"

我估计他会回答:"坏人。"

于是我就说:"那你用词不当了。词有褒义词和贬义词。一个好人办好事能坚持,我们说他'锲而不舍','锲而不舍'是褒义词。一个坏人做坏事没完没了,我们就只能说他是'处心积虑'、'顽固不化'等,'处心积虑'和'顽固不化'都是贬义词。同样道理,一个人做好事脑筋灵活,我们就用褒义词说他'聪明',一个人做坏事脑筋灵活,我们就用贬义词说他'狡猾'。一个人讨论问题能拿出自己的特殊见解,如果这见解确有道理,我们就用褒义词说此人'独立思考'、'见解超群',如果他的见解毫无道理,我们就可能用贬义词说他'哗众取宠'了。所以我认为,你把'锲而不舍'这样的词放在白骨精身上是不恰当的,其实这个词用在唐僧身上才最恰当不过。你要学锲而不舍的精神,为什么现成的唐僧不去学,非要拜白骨精为师呢?"

还要估计一种可能,当我问白骨精是好人还是坏人的时候,这个学生也许会回答:"是好人。"(他是来搅局的)怎么办呢?

我就回答:"那看来你可能和白骨精是一伙的。这事情就只好交给孙悟空来处理了,这是他的专业,不在话下。"

我旗帜鲜明,但尊重他的人格和发言权。我不压服,不搞剑拔弩张,我还不脱离教学。

当前社会上和教育界有一种很不好的风气,就是鼓励教育者无原则地给孩子拍马屁,美其名曰"赏识"教育。这股风把有些学生娇纵得不像孩子样,真本事没有,油嘴滑舌挺来劲。请问称赞白骨精锲而不舍,这种观点需要什么认真的分析和思考?有什么科技含量?这种发言,德才兼失。

教育者不能忘记自己育人的目标,不能失去原则。

◆我校有一个年轻的女教师到初二某班的教室去看学生上晚自习,一进教室走上讲台,一个男生就冒出一句话:"老师你几岁了?"女老师不知怎么回答。

我的意见是,这位青年女教师要先观察提问者的表情。从表情能看出学生是善意的好奇还是恶意的捣乱。恶意的捣乱又有不同情况,有一种可能是要给教师下马威,另一种则可能是有股邪气。情况不同,回应时应有所区别。

属于善意好奇的,可以回答:"对不起,随便问别人的年龄不够礼貌。"

属于想给教师下马威的,可以回答:"你不需要知道我的年龄,只要知道我是你的老师就够了。"

感觉学生有股邪气,可以回答:"这个问题你母亲来问我还差不多。"

◆我校一位姓马的语文教师上课讲"俯视",一个学生不懂,老师解释道:"就是从上往下看!"另一个学生接话说:"就像姚明看马老师。"老师回答:"难道姚明看你是从下往上看的吗?"

请教王老师，假如是你遇见这种情况，该怎样回答？

我会回答："你说得对。以姚明的个头，若在近处看我，可以叫'俯视'，他若平视，视线就会从我头上飞过去，看不到我。"

我想这样回答也就可以了。我没看出学生是在有意刁难老师，有点像淘气。（是中学还是小学？）

但我不了解具体情况。如果这位老师个子偏矮，同学本来就对此有所议论，或者这位发言的同学跟老师有过节，那也可能是有意刁难。但是即使如此，当场也不好发作，因为师出无名。若事实证明这个学生是有意刁难，那当然要给他点颜色，但是那要以后找别的机会了。

◆ 一天，某实习老师问同学最近对他的工作有什么建议和意见。有学生回答："老师，你各方面的表现很出色，是我们的偶像。"
旁边的男生则说："是呕吐的对象。"实习老师顿时变了脸色。

教师可以叫班长站起来，对班长说："麻烦你赶快把这个同学送卫生室，防止他吐一地。他可能是神经性胃痉挛。令人同情。"

◆ 高中语文课，老师问岁寒三友指什么，我同桌答："米饭，热茶，棉被。"全班笑倒！

教师可以对全班说："我明白古代文人学士都是怎么死的了。"稍停，指着这个同学："让他给气死的。"

玩笑型的搅局，不妨以玩笑回应之。

◆ 有位教师看初二学生晚自习。从教室后面走向讲台时，学生A突然说："老师，学生B在你后面做小动作（模拟举起拳头）。"
此时学生B立刻答道："我没有，我没有。"

建议回答:"我想他不会的,你可能看错了。"这种事切记不可当时查证,以免纠缠不清。即使这个学生确实对老师不友好,也要找别的机会和他算账。

◆ 初中时语文老师要大家总结一下刘胡兰的精神。一男生不假思索地喊了一声:"长生不老!"

建议回答:"说得对,刘胡兰精神永存。但是我问的不是这个,请概括一下刘胡兰精神的特点。"继续让这个学生回答。

◆ 有位教师给初二学生讲课,提出一个较简单的问题,叫了一个学困生回答。那学困生回答不错,旁边一个男生便故意"表扬"道:"太牛了,太厉害了,望尘莫及!"那学困生便红着脸坐下了,教室里一阵骚乱。教师示意安静下来,对那搅局的男生说:"以后不要这样吹捧人家。"

此事我主张课上只批评这个学生"多嘴"就够了,不要多说,否则等于往那个学困生的伤口撒盐。但课下要批评这个多嘴的学生。告诉他,你做人不厚道。

◆ 有位教师给初二学生讲课,提到不要怕失败。他说:"因为失败是……"他故意把"是"的读音拉长,让学生把下面的话说出来。一位学生便故意大声喊:"是成功的妈!"课堂秩序大乱。

教师可以一本正经地回应:正确的说法应该是,失败乃成功之母。"母亲"一词一般用在比较庄重的场合。比如我们可以说"祖国,我的母亲",而不说"祖国,我的妈"。不管这个学生是淘气还是有意搅局,教师这样回应,都能收到较好的效果。教师把此事看作一个语言教育的契机,而不单纯看成一个捣乱事件,局面就活了。

◆ 数学课上，老师总结垂线的作图方法，用口诀表述即"一贴二靠"。老师刚说"一贴二靠"，一位同学脱口而出："三上吊。"

我会做忧心忡忡状，探身对他说："同学，你年纪轻轻，可不要想不开呀！"

◆ 高中地理复习课上，老师在上面报一个地名，让学生在下面回答当地所出的矿产。说了很多地方以后，老师突然问："江南产什么？"全班男生齐声回答："江南产美女！"

我会笑着说："说得对。好记性！不过除了美女之外，还有别的吗？"

◆ 语文课上，老师叫起一个昏睡的同学回答问题，该同学迷迷糊糊啥也说不出。老师无奈地说："你会不会呀？不会也吱一声啊！"该同学真的"吱"了一声。老师汗下。

假如我是那位老师，我会说："好。这下我就明白了。下回你若不会，希望你还发出这种声音。好听！（对全班）注意，别人不可以模仿，这是他的创意，他有知识产权。"

◆ 老师要求后排的小杰不要在课堂上讲话，小杰置之不理。老师大发雷霆："不要敬酒不吃吃罚酒，给我好好听课！"小杰却说："老师，我不会喝酒。"老师一时语塞。

回答："那你很不简单，不会喝酒居然能说醉话。请你站起来，醒醒酒！三分钟！"这个学生如果再不改错，可以考虑请出教室，由班长送教务处（注意不要让他一个人走）。

现在学生的谬论很多，教师常常被他们说得七窍生烟而张口结舌。这说明教师的专业素质跟不上形势了。教师必须抓紧时间提高自己的辩驳能力（这也是教师的专业能力之一）。要知道，身为教育者，明明有理却说不过学生，这是很丢人的，是会严重降低威信的。你震惊呀，你愕然呀，你寒心呀，你愤怒呀，你埋怨呀，你神经衰弱睡不着觉呀，你发火呀，你请家长呀，这都没有用的。面对挑战最好的办法是迎战而且取胜，把他驳得哑口无言、灰溜溜的，以后他才会高看你一眼。

◆ 我上课时说："这个问题高一讲过，大家应该知道吧？"一学生说："高一是某某老师讲过，你没讲。"我很生气，该生说这话明显是对我所教的不满意。我当时很生气，把粉笔一扔说："还让他教吧。"然后就走了。事后该班其他学生（绝大多数）找我苦苦哀求，该生的道歉和班主任的多次劝说，使我无奈又答应上课。我怎样再次面对我的学生，才不失面子，又显得大度呢？

遇到这种情况，非得生这么大的气吗？

若是我，当时就这样回答："咱俩说的是两码事。我说的是你学没学过这个知识，你说的是谁人教过这个知识。既然过去有人教过你们这个知识，你们多数人若已经掌握了，我再讲，就是浪费大家的时间；你们若没有掌握，或者忘记了，我不讲一下，你们就接不上。现在我来调查一下，知道这个问题的同学请举手。"

于是这个"捣乱分子"的处境就比较艰难了。他若举手，就证明他是成心捣乱（明明已经会了，还让老师讲）；他若不举手，证明他没出息（自己没学会，把责任推给后任老师）。这两种情况下，我都可以当场理直气壮地批评他（当然语气可以和缓点）。

批评之后，我还可以告诉全班同学："我再给你们讲点逻辑知识，刚才那位同学的说法，在逻辑上叫作'偷换论题'。我说话本来是针对知识掌握情况的，他却把它偷换成针对人了。俗话称这种逻辑错误叫'胡搅蛮缠'。同学们以后说话，要尽量避免这种错误，以免让别人笑话。"

然后，我就根据多数人的意见决定如何处理前任老师讲过的知识。

这位老师采取的办法却是拂袖而去，这恐怕很难给多数学生留下好印象。高中的学生了，他们会认为老师"小心眼"或者"说不过学生，只会罢课"。

事已至此，怎么回来呢？

只好硬着头皮回来，若无其事地上课，同时做好准备，迎接下一次较量。估计后面还有事，不大可能从此风平浪静。

恕我直言，此事表面上看起来是教师的脾气问题，其实细想，在相当程度上是教师的能力问题。把能力问题解释成性格问题，是很多教师的常见借口，这种思路严重阻碍了教师专业素质的提高。

◆ 某女老师在监考，考试时间为两个小时。一个男学生坐在考场里无所事事，才开考二十分钟左右，就想借口上厕所到外面溜达。他对监考老师说："我想上厕所。"那位老师知道他的"意图"，回答说："现在不行。"那个学生竟这样说："要是废物拉在身上，后果你负责吗？"那位女老师竟无言以对。可以回答："你错了。后果应该由考试规则负责，我在执行公务。"

◆ 老师要求 10 岁的学生小麦不要在课堂上讲话，小麦拒绝了。老师问："你为什么一定要在上课时讲话呢？"小麦回答："这不关你的事，就连我爸爸妈妈……"老师愣了。

教师（正色）回答："错。这是课堂，不是你们家。维持课堂纪律是我的责任。你在大街上自言自语，那才不关我的事。现在如果你不听我的劝告，就要准备接受惩罚，就像违反交通规则一样，警察叔叔罚你没商量。"

◆ 一学生上课十多分钟之后才进入教室。老师问："你为什么要迟到？"学生回答："不要你操这份心，这不关你的事。"老师一下子生气了，叫学生"滚蛋"。

不必生气。可以这样回答："对不起。这很关我的事。对你的迟到进行询问和处理，是国家赋予我的责任。如果你连这都不懂，可以回家去问问你的父母。"

◆ 高中时全校必须穿校服。有一复读的学生从来都不穿。有关老师天天在门口检查。一日，老师看到此同学没穿校服，问他为什么不穿。此同学大怒，曰："我妈又没死，为什么要穿孝服？"

要是我，会用探究的神态，把这个学生上下打量几遍（挫其锐气），然后做恍然大悟状："哦，原来你穿这身衣裳是为了证明你妈妈还健在。这真是新见解，有创意！我是把你这个创意向你父母汇报，还是向全校同学推荐，或者是向学校教务处报喜呢？请你选一样吧。"

◆ 某日，老师出题写作文《妈妈笑了》，要求写自己做过的让妈妈高兴的事情。一学生一个字也没留下。老师问："为什么不写？"这个学生振振有词："我从来没做过让妈妈高兴的事情。"老师愕然。

这个问题有点复杂，关键是先要鉴别一下，他说这话主要是冲老师来的，还是冲家长去的。这就看教师对学生及其家庭情况了解多少了。(这也就看出教育与教学密不可分的关系了。教学必须在教育的背景下进行，要面对一个个具体的活人因材施教。)

　　如果这个孩子与母亲关系很紧张，或者历来对母亲有成见（比如他是单亲家庭，父亲带，很怨恨母亲），而他平日写作文的态度还不错，今日忽出此言，那显然是从心里反感母亲，提都不愿提。这种情况不属于学生讲歪理，不是学习态度问题，是他的心理问题，不是冲老师来的。这种问题应该另做处理。眼前可以告诉他："你不愿意写这个题，写《爸爸笑了》也行，写其他家长也可以。"

　　如果教师知道这个学生的底细，喜欢胡搅蛮缠，学习态度不好，一贯不爱写作文，今日不过是一个借口，这是冲老师来的，那就需要给他点颜色了。可以如此回答："请你仔细看题目。题目说的是'妈妈笑了'，并未说妈妈的笑是因为谁。你可能从来没让你妈妈笑过，但是别人可能让你妈妈笑过呀！比如她看到电视剧里人家的孩子那么懂事，人家家庭那么和睦，可能就笑了。这个内容也可以写。你妈妈不是为你一个人活在世界上的，她在工作中，在和别人打交道的时候也会有笑的时候，这都可以写。还有一个办法是，你想象一下，如果我把你今天说的话告诉你妈妈，她会怎么反应？也许生气了，也许就笑了，那是苦笑。这不也是很好的作文材料吗？后面这个想象作文很有趣，我可以专门为你出一个作文题《妈妈的苦笑》，写出来一定很精彩的。"

　　如果教师对这个学生情况很不熟悉，就不要莽撞，先和颜悦色询问："你真的从来没让妈妈笑过吗？为什么？"搞清基本情况，再从容应对。

　　◆一天，某男老师在看晚自习。铃声响了五六分钟，学生还没有静止下来，便提高声音说："你们怎么还不静下来，铃声都响过五六分钟了!"有个女生回答:"因为你不帅。"那男老师脸色发青。

这是一个很好的教育的契机。

我会做恍然大悟状,然后问这个女生:"你觉得哪位够帅?我愿意请他来维持秩序。"这样一来,气氛会有些紧张,同学们就会安静下来,等待这个女生回答。

如果这个女生居然说出一个男生的名字,教师可以对这个男生说:"你愿意站到前面来帮我维持秩序吗?"如此,学生的注意力势必转向这二人的关系,教师就初步摆脱了窘境。这个男生如果拒绝,可以对这个女生说:"请再选一个美男子。"估计她不敢再选了,因为这样自己就陷入了尴尬。于是教师可以总结道:"看来不是所有同学都像你一样,看人只看脸蛋。"

如果这个女生说不出男生的名字,那就僵持一会儿,安静一会儿。然后说:"安静下来了。看来我已经变帅了。(对女生)谢谢你!"

◆ 某数学老师,男,身高只有1.5米。开学第一天给初二某班上课,自我介绍时,下面就有个学生笑着说:"怎么来了个根号2(根号2在数学里数值为1.414左右,学生在初一学过)?"全班学生哄堂大笑。男老师很生气,把这个学生骂了一顿。

我若是这位老师,会把该学生叫到前面,让其背靠黑板而立,然后在他的脑袋上面画一个大大的根号。停一会儿,我对全班同学说:"我建议给他起个外号,叫作'根号',好让他记住这个教训,学会尊重人。"对这个学生说:"请告诉你的家长,为了让你学会做人,我给你起了一个外号。"这是一种惩罚方式。如果此后学生真的叫他"根号",让他很难堪,则教育效果最佳。因为这个学生侮辱了教师的人格,所以我主张回应尖刻一些。

◆一位教师给初二某班上开学第一课，为了吸引学生的注意力，表演了一个魔术，学生看得津津有味。魔术表演完毕，有一个问题生冒出一句话："老师你比魔术大师刘谦还厉害——要是这样，我钻到地底下。"

教师可以回答："刘谦转弯也没你快。不过刘谦那是技术问题，你呢（用手指着这个学生），你这是人品问题。不信，你去问问你的父母。"

◆初中时，有一次数学老师教育我们要勤奋。他说："我们要勤奋，勤能补拙。我小时候就不聪明……"同学Z接嘴说："看得出来。"全班爆笑……

教师可以回答（态度要诚恳）："感谢你再次提醒。大家不要笑。人有不足，这没什么可笑的；不敢承认自己的不足，才是最可笑的。"

以退为进，这招其实很厉害。教师当场似乎处于下风，但结果却很可能是教师威信上升而这个学生威信下降。

◆坐在前排的一男生A因平时不守纪律，打扰同桌女生B学习。班主任决定把他调到最后一排坐，那女生B单个人一桌。这时，班上另一男生C说："老师，那女同学B一个人坐，会感到孤独啊！"女生B脸红了。

可以回答："她孤独不孤独你怎么知道？我看你恐怕是有些孤独了。"

◆某数学老师在教《认识三角形》一课，要求学生列举出生活中一些形如三角形的物体，学生踊跃发言。一男生在下面说：

"三角裤也是三角形啊。"学生爆笑,老师不知所措。

可以回答:"不错,三角裤是三角形。不过,你怎么对裤衩如此感兴趣?"

◆ 一位男老师给初二某差班上数学课,其中有几个数学的几何图形可通过手势形象地模拟,老师叫大家试着模拟一下。谁知一男问题生,带着有意搅局的表情,伸出左手的食指,插进右手食指和大拇指围成的圈里(模拟出性交的姿势),问老师:"这手势是啥意思?"这老师见这学生在后排,同时没有引起同学的轩然大波,为了顾全教学大局,没有接招,继续上课。

这位老师做得对,不扩大事态。如果此事多数学生已经看见,教室里气氛紧张,教师可以回答:"去问你的家长。"

◆ 生物课上,老师说:"其实黄鼠狼是不吃鸡的,科学家做过一个实验,曾经把一只鸡和一只黄鼠狼关在一起,第二天你们猜怎么了?"一同学插嘴道:"鸡怀孕了?"

教师可故作认真思考状,然后说:"那这只鸡一定会生出个怪胎。"
这是比较刻薄的回应。这个学生心术不正,需要给他点颜色。

第六章

如何实现有效的课堂

前面两章我们讨论的是建立让学生有安全感的课堂和有秩序的课堂。在课堂上建立安全感也好，建立秩序也好，都不是最终目的，课堂的最终目的是要达到教育教学效果，也就是要实现有效的课堂。最有效的课堂是所谓高效课堂，那当然更好，但我们这里要求比较低，而且这里主要是从管理角度讨论有效课堂问题。其实，要让课堂有效，教师的学科专业水平和个人魅力有时更重要，但那不在本书的讨论范围之内。

第一节 减少课堂时间的浪费

实现有效课堂，显然有个前提，就是要尽可能把课堂时间用在教学上，这是最低层次的要求了。确实用在教学上的时间，叫作有效时间，反之，课堂时间用在与教学无关的事情上，那就是无效时间。无效时间是被浪费了的课堂时间。我这里没有统计数据，但据我个人的经验，课堂上被浪费的时间往往相当可观，而教师自己对此常常不曾觉察。我感觉这是教学效率低下、师生负担沉重的一个重要原因。一方面，我们的时间很紧张，老是不够用；另一方面，我们却又在大量地浪费时间。这和我国一方面严重缺乏水资源，另一方面又存在严重的水资源浪费现象好有一比。二者共通的原因是科技水平低下，人们有不良的传统习惯。

下面具体谈一谈，课堂的宝贵时间是怎样被浪费的。

1. 上课不能马上安静下来

这个问题我们在第五章第四节讨论过了。上课不能马上安静下来，不能顺利进入教学状态，时间就白白溜走了。一般教师都会把此事归罪于学生不守纪律，有道理，但不全对，有时教师对此事也有责任，比如上一节课忘记通知今天带某种学习用具，或者通知时没说清楚，这堂课开始肯定会乱一阵。此类现象，应该竭力避免。

2. 中间暂停

课堂中间，教师为了维持纪律或者提醒学生注意力集中，往往会多次暂停讲课。这个时间，也是浪费掉的，但有时又是必须付出的代价。教师最好集中一段时间（比如一周），系统记录一下自己每堂课暂停几次，处理的是什么问题，用了多长时间（也可以找一个学生记录），然后系统地研究一下，哪些暂停是必需的，哪些是可以减去的，哪些问题处理得干净利落，哪些则拖泥带水耽误了时间。这样总结经验教训，以后就可以少浪费一些时间。

3. 因任务布置不清楚造成的拖延

这种情况发生在青年教师身上较多，但有些不善于总结经验教训的教龄较长的教师也会有。比如教师讲到什么地方，让学生看书，之后教师接着讲下去，却忘记告诉学生合上书了。于是有的学生抬头听讲，有的学生还在低头看书，教师很生气，批评看书的学生，学生就可能不服气，于是引起教师一段批评，耽误很多时间。所以教师一定要注意，一旦发现学生行动不统一，要首先想想自己是否跟学生说清楚了，不要看见学生动作不合自己的想法就乱批评。

4. 因活动衔接不好造成时间浪费

这种情况与上一种类似，只不过发生在两个活动的衔接之处。比如教师布置学生做练习题，但没有说明做完的同学干什么，于是有些做题特别快的学生，做完之后就可能生事，若引起教师的批评，也可能耽误时间。再比如教师说要小组讨论，结果有些学生就开始搬桌子动板凳，教室就乱了。这种情况下应该告诉学生："先别动，听清我的要求之后再动。"

5. 不必要的说教

出现学生违反纪律的情况，教师适当给予提醒、制止、批评当然是必要的。问题是教师千万要节约语言。很多教师形成了成套的习惯性的批评语言，一旦启动，就会像放录音一样滔滔不绝，一说就是五分钟、十分钟。这些语言学生耳熟能详，有的甚至已经背下来了。教师千万要注意尽量杜绝这种陈词滥调，即使不得不说的话，也最好经常有点创新。另外，课堂时间主要是用来教学的，莫把教学时间随便挪用来说教。

6. 在课上安排班主任工作

班主任有时候需要占一些教学时间通知事情或者处理班务，我想这是难免的。但是这属于特殊情况，不要成为常例，千万不要成为习惯，否则班主任工作就会侵占教学时间。班务工作，应该在晨检、眼睛保健操前后或放学前安排。

7. 教师个人情绪发泄

有些教师在上课时间发泄个人情绪。比如对同事的不满，对学校领导的不满，对比赛裁判的不满，对职称评定的不满，对社会的不满，有的甚至把个人的私事、家庭矛盾也拿到课堂上发泄。这样做不但浪费了教学时间，而且对学生成长不利，对教师的威信也不利，学生对这种教师是反感的。工作时间，您不应该谈工作以外的事情。严格地说，这也是一种滥用职权。有这种情况，教师应该自觉改正，否则学校领导应该出面劝止，教师若不能控制自己，则应该去看心理医生。

8. 教师语言啰唆

这个问题其实很严重。如果我们把教师的讲课做些录音，事后听一听，你会发现教师的教学语言和管理语言真正做能到简洁明确的未必是多数。不少教师的语言都啰唆，有很多不必要的重复，或者用词含混，不得不叠床架屋地解释了又解释，拖泥带水。在课堂上，教师的主要武器是语言，语言不准确不精练，等于每日用钝刀子割肉，其效率可知。这是一个很大的问题，每位教师都应该予以充分重视、认真研究，至少也应该不时听听自己的讲课录音，以获得自知之明，可惜这么做的教师很少，学校的教研活动也很少有专门研究这个问题的，令人遗憾。

9．口头语

我看电视，发现许多现场采访的记者语言素质都很差，不但病句频出，而且有很多令人厌恶的口头语。"这个……啊……就是说……是这样的"，还有"那……然后……接下来"这些港台式的口头语，联翩而至，似乎没有这些寄生语言做填充物，他的思路都连不起来。让人听着费劲，替他着急。联想到学校，有些教师也有类似的问题。我觉得这个问题必须解决，虽然有点困难。自己听录音，听到自己讨厌自己的程度，就有希望改正了。

10．教学内容多数学生已经掌握

以上说的时间浪费，指的是师生把时间用在了教学以外的事情上，离题了。但是我们要注意，这并不等于说，把时间用在教学上，就不会浪费时间了。即使师生上课老老实实都把时间用在了教学上，也不能保证完全不会浪费时间，因为这里面还有个效率问题。如果教师所讲的内容多数学生已经掌握，则这个时间对于多数学生来说，就是浪费的。其实这种问题并不难发现。教师只要发现上课时学生的目光黯淡了，再询问一下，就能知道了。遇到这种情况怎么办呢？我主张"上小课"，就是把那些尚未掌握这些知识的学生集中到教室的一个角落，教师给他们讲，而别的学生，则安排他们做其他的事情，甚至可以允许他们当自习课上。也可以安排一部分学生来说给另一部分学生补习，教师起组织作用。总之，听教师讲早已掌握的东西，对于学生来说是一件比较痛苦的事情。其他学科我不大熟悉，我比较熟悉语文课。据我看语文课上教师经常讲一些学生早已知道的事情，徒费大家的光阴。这种情况下责备学生不注意听讲是无理的，不信你讲点学生不知道的东西试试，多数学生的眼睛立刻就会发亮。

谁也不爱听陈词滥调。

11. 教学内容多数学生听不懂

同样道理，如果教学内容大部分学生听不懂，你也会发现学生的目光黯淡下来，整个教室弥漫着一种慵懒、麻木的气氛。这种情况下教师如果继续讲下去，就属于"对牛弹琴"了，也是浪费时间。请注意，对牛弹琴的责任并不在牛，而在弹琴者。这种情况下不应该为了赶教学进度而继续唠叨下去，而应该调整教学内容和方法，这样暂时可能会影响进度，但从长远看，反而能更有效地完成任务。暂时讲完了，多数学生没掌握，到期末复习的时候，教师还得返工，负担更加沉重。

12. 低质量问题

教师的课上提问，质量参差不齐，我发现有大量问题都比较傻，没有什么意义，这个问题下一节还要专门谈。

13. 提问对象安排不当

提问对象选择不好，也会浪费时间。一般教师的课堂提问多指望学习成绩好的学生回答，因为他们回答得比较正确，节约教学时间。若叫成绩差的学生回答问题，往往需要反复的提示、启发，耗时耗力。教师的这种做法虽然可以理解，但是高分生往往并不能代表多数同学的理解能力和理解程度，他们答对了，不等于多数同学掌握了。这种提问，只是表面上节约了时间，实质上教学效率并不高。所以我主张，课上提问对象，最好以中等生为主，他们答不出来再请好学生出马，这样可以给班里多数学生一个思考的时间，使他们得到提高。低分生，甚至问题生，也应该给他们一定的发言机会。

14．板书过多

板书很费时间，板书过多显然影响教学效果。另外，如果学生自觉性不高，教师回身写板书的时候，也就是学生在底下搞小动作的好时机。所以我主张板书尽量采用提纲式，精练一些。有些则可以事先写在小黑板上，或者做成课件。板书最好字写得大一些，以便一些眼神不好和坐在后排的学生看清。

可以想见，以上14条如果都能做得比较好，加在一块，一个学期算总账，节约的时间应很可观，反过来，如果这里浪费一点时间，那里浪费一点时间，算总账会发现是很可怕的。这个和节约用水的道理一样。我发现教师们普遍地重视时间，每天匆匆忙忙，总觉得时间不够，但是他们解决时间问题的思路不是内部挖潜，不是提高自己的工作效率，而是外部争夺。抢课时，抢自习，拼命多留作业以便从学生的时间蛋糕上尽可能切得一大块，为此甚至引起教师之间的矛盾。这是恶性竞争，这种竞争无法提高教师的专业水平，而只能使他们越来越目光短浅，患得患失。我们必须承认，我国的中小学教育，多年来一直在低效率运转，取得成绩靠的是拼体力，而不是增加科技含量。要解决这个问题，首先是要提高校长的认识水平。我听说有一位校长在学校宣布，加班加点证明你能力低，45分钟的课能用25分钟讲完而且不降低质量，才算真本事。他在学校推行这样的理念，迫使教师提高自己的工作效率，师生都减轻了负担，效果很好。相比之下，我们有更多的校长还在那里大力表扬"老黄牛"式的傻干，赞扬"揣着病假条上课"，其观念实在太落后了。我国的经济面临转型的迫切任务，教育也是这样，我们的教育历来是低效的，这种局面该变一变了。要建设现代化的国家，必须有现代化的教育。

第二节　启动学生的思维

上一节我们说的是怎样减少课堂时间的浪费现象，以便建设有效课堂。那只是消极地减少"非有效课堂"，并非积极主动地创建有效课堂或高效课堂。为了建设有效课堂，教师光减少时间浪费是不够的，更重要的是提高课堂时间的利用率：不但节支，还要增收。

愚以为，提高教学效率的关键是教师在课堂上必须启动学生的思维，让学生的脑筋转起来，把学生培养成名副其实的"学习者"。目前我们的大多数教学活动，不是在培养学生成为"学习者"，而是在迫使他们成为"应试者"。学习本不是为了考试，可是我们的课堂教学已经变异，成了考试的附庸。很多人甚至片面地认为学生能考高分，教学效率就是高的。这种观念必须调整，否则从根本上就错了。讨论课堂教学效率，必须首先区别应试主义的效率观和素质教育的效率观。

"学习者"有两个含义，一个指参与学习的身份，一个是指真实的学习心态。你有学生的身份不等于你真的是学习者。真正的学习者，应该是那些独立的、渴求知识的、善于理论联系实际的人。这是一种智慧的境界，这种境界是需要培养的，培养学生达到这种境界，才是教师的根本任务。如果一个人毕了业就不再读书，或者只有奉命读书，只有想拿某种证书的时候才读书，就不能算一个真正的学习者。这是"伪学习者"，或者是"学习上的临时工"。他们读书是为了"成才"，一旦"成才"，就不读书了，分数是他们的敲门砖。在一个学习型的社会里，人们终生都要学习，学习不再是阶段性的任务，而成了人们生活的有机组成部分，学习也不完全是为了功利的目的，而成了人们的一种精神需要。这种人，我认为才可以称之为名副其实的学习者。

其实素质教育说到底就是要培养这种学习者。在人的各种素质中，"学习素质"是最根本的，是发动机，是"能提高素质的素质"。课堂管理的根本任务不是把学生管得乖乖听老师讲课，而是通过管理创造一种情境，帮助学生成为真正的学习者。换句话说，把学生最大限度地培养成学习者的课堂是有效的，否则就是无效的或低效的。

但我的意思并不是说课堂教学应该忽视考核，置考试分数于不顾。那是不对的，也是行不通的。素质教育并不笼统地排斥应试，它只是把应试能力看作学生能力的一个必要的组成部分。在素质教育的理念中，考试是为了学习，应试教育则相反，学习是为了考试。善于应试未必是缺点，只会考试，没有实际能力就是缺点了。事实上，把学生培养成真正的学习者，不但对提高他们的整体素质有利，而且对应试也有利。学生若不是真正的学习者，就必定是临时的"知识仓库"或者"知识搬运工"，这种学生，只要你考灵活的试题，考点真实的能力，他们就会丢分。我国中小学的语文考试，历来学生都是在阅读和写作方面丢分最多，这很能说明问题。

请看下面的例子：

fish2lake（K12 教育教学论坛，2010-04-18）

我所教的数学，在上新课、讲新内容的时候，学生的表现比较活跃，我认为大多数人都听懂了（少数跟不上节奏的我也无能为力），做课后的练习题也基本没有什么大问题。但是，在做练习册的时候，那些成绩处于中游甚至中上游水平的同学经常不知从何处下手。他们拿题目来问我，我有时候只要说出这个问题和课本上哪个知识相关，他们马上就知道了解决问题的方法。但是下次碰到类似的题目，他们还是会过来问我。我以为是上课没听懂，检查他们教材中的内容，他们全都能答上来。

我现在的感觉是，对于所学的内容，他们很多时候就如苏霍姆林斯基所说的，只是单纯地将所学的知识像货物一样简单地堆进仓库储备起来，并没有让知识"进入周转"，使得他们在做练习时，思维脱节（或者理解为没能顺利地把"货物"从仓库中"挖掘"出来）。

我猜测产生这个问题的原因有：（1）学生理解能力差。（2）记忆力差。（前两点好像不大站得住脚，因为这个问题不是个案，而是普遍的情况）（3）压根就没学会真正的思考。（4）我自己在讲授新课时没考虑他们的接受能力，只是一股脑地将知识抛给他们。（5）我在讲授新课时没能在课堂上调动他们的积极性，他们已经懒得思考。

我自己在备课时也是经常让自己站在学生的角度看教材，想象学生可能会遇到什么问题，然后将它设计成问题，引导学生思考，但是我真的不知道效果如何。又或者说，有没有可能是我把所有需要学生自己思考的问题全部帮他们找出来了，让他们只要回答我的问题就成，让他们失去了想象、思考的空间？

请王老师帮我分析一下，具体的原因应该是哪个？或者是我一直没想到的其他原因？谢谢！

王晓春答

fish2lake 老师：

这种情况其实是很常见的。这些学生学的是死知识，他们的学习过程只是把一些"话"记在了脑子里，考试时原样提取出来，这中间没有消化，没有思考，起作用的只是记忆。因此问题稍有变化就不行了。

出现这种情况,与教学方法、考试方法有关,也与学生智力有关。建议您平日教学时,经常从不同角度提问,尽可能多地进行综合性提问,最好设计一些实际问题,迫使学生只有灵活运用所得知识,才能解决问题。久而久之,学生的头脑就可能灵活起来。但是请注意,总会有部分学生活不起来,不必苛求他们。

打个比方,人人熟读兵书甚至倒背如流,你看不出谁真的读懂了,然而一打仗就知道了。实践是检验学习质量的真正标准。这就可见,考试在检验人的能力方面,其实并不权威,考试分数不过是个参考值而已,如果考的是死题,"含金量"就更低了。

仅供参考。

2010. 4. 19

这位老师说到的这种学生,就不算真正的学习者,他们实际上并未学到什么东西,他们没有成为独立的、渴求知识的、把经验和知识结合为一体的人。这样的课堂教学,对于这些学生,就不能算是有效的,至少不能算是高效的,虽然他们的考试分数可能还过得去(因为试卷中有很多死题)。

所以,有效教学的灵魂是启动学生的思维,能启动最大多数学生思维的教学就是有效教学,反之就不是。在教学中,学生脑子是否在转,是否在思考,是否在独立思考,这才是教学评价应该注意的基本点。现在很多课堂教学评价一项又一项,其实都是烦琐哲学。听课看什么?就看学生上课是否在思考,思维含量就是课堂的科技含量。

如今学习兴趣问题很时髦,大家都在谈论如何激发学生的学习兴趣,似乎有了兴趣学习积极性就有了保证,学习质量也就有了保证似的。其实未必。兴趣有不同的层次,浅层次的兴趣中缺乏思维含量，缺乏智慧，并不能保证学习的质量，它顶多能使课堂更热闹一些，对建设有效课堂作用不大。其他课程我不熟悉，以语文课为例。我听很多语文课，从头到尾，教师说的话，学生说的话，几乎都是电视节目上能看到的。没有新知识，没有新鲜感，没有提供一点让学生眼前一亮的东西。教师讲的一些煽情的语言，学生早就在电视剧中听过多次了。还有教师提的问题，往往问得很傻，不需要动脑筋就可以答出。还有些所谓"拓展性"问题，就是学生可以乱侃一阵（发挥想象），顶多能满足一些学生的表现欲，并无挑战性。有些课看起来很热闹，学生流下或激动、或悲伤、或同情、或感动的泪水，然而事后一想，空空如也，和电视机前掉眼泪没多大区别，没学到什么专业的东西。这并非是真正引起了学生的兴趣。培养学生的兴趣，不能只做表面文章，不能偏重在情感中寻找乐趣。教师作为专业人员，要侧重培养学生内在的乐趣——思维的乐趣。教师所设计的课堂活动，应该使更多的学生头脑动起来，而不是仅仅四肢动起来，或者眼珠乱转，或者喋喋不休说一些陈词滥调。热闹绝不是课堂教学的目的。当学生真正陷入思考的时候，他们反而可能很安静，愣住了。我想这种内动外静的状态应该是教师追求的目标。

但是要做到这一点，前提是教师本人得是善于思考的人。可惜，有不少教师并不是合格的思考者与合格的学习者。

最近有一位老师在网上对我说，他看了我的书《给教师一件"新武器"》，觉得"就像清朝进口的红衣大炮，威力很大，可是我不会用。比如我用收集到的材料来比对您的分析，发现您的分析是大方向，没有往细节说。我不知道您是否准备再出一本书，像《周公解梦》那样梦到什么有多少可能，再综合是哪种可能，这样是不是可操作性强一些"。

我回答他说："恕我直言，您是想自己不动脑筋，而享受现成的结论，只要查找一下就行了。如果我真的写出这样一本书，我就和骗子差不多了。把现成的结论拿给别人，这往往是害人的，很可能无法解决问题（因为具体情况千差万别），而且麻痹了思维能力。然而这却是很受欢迎的。我希望各位老师能理解我写作的两难处境，切实提高自身的独立思考能力。"

这位老师的观点不是个别现象。有大批的老师钟爱现成的结论，我见到的很多校长也总是希望我给教师讲些"拿来就能用"的东西。总之，教育界弥漫着一种拒绝独立思考的气氛，思想懒汉很多，真正的学习者较少。让这些"非学习者"指导我们的下一代如何学习，他们能往哪个方向指导？如果教育者自己都没有找到过真正学习的感觉，他们能教会我们的孩子如何学习吗？这种教师，他们的课堂教学怎么能有效？所以，通过培训启动教师的思维，其实是更紧要的任务。

本节内容可能有些稍稍偏离课堂管理的主题了，启动思维主要不是管理问题而是教学艺术问题。但是，作为管理者，你必须知道朝哪个方向管理，知道为何而管理，否则管理就只是盲目地维持秩序而已，那样的管理，只能使学生越来越傻。

第三节　增加提问的"含金量"

提问是基本的教学手段。课堂管理是否有效，与提问的质量密切相关。衡量提问质量的主要标准是看提问能否启动学生的思维。能使学生动脑筋的问题是好问题，"含金量"高；学生不必动脑筋即可回答的问题是较差的问题，"含金量"低。

教师的课堂提问，常见的有以下种类：

1．题外问

　　这是管理型的提问，与本堂教学内容无关。比如问："谁是课代表？"还有教师发现有的学生没注意听讲，就有意把他叫起来让他回答问题。表面上问题与教学内容有关，其实这基本上是管理型的题外问。

2．设问

　　自问自答。这种问题的主要作用是提神，引起学生注意，并不需要学生思考。

3．表态问

　　要求学生表示态度。比如："这种说法你们同意吗？"有点像民意调查。这当然也很少需要动脑筋。

4．是非问

　　要求学生判断对错和是非。比如："人说李白的诗是现实主义的，对不对？"这种问题当然需要一点思考，但是此类思考非常简单，只是把眼前的结论与自己头脑中储存的正确答案对照一下即可得出。如果脑子里没有储存，瞎蒙一个也是可以的，横竖有 50% 的胜算。

5．选择问

　　此种问题也需要判断，在几种答案中选择一个正确的。试卷中有不少这类的题目。这类题目需要一些思考，但是一般也是简单思考，也可以瞎蒙乱猜。

6. 查找问

这种问题答案就在书本中，学生把它找出来就行了。这需要有点分析判断能力，但是一般不需要太多智慧，因为答案是现成的。

7. 记忆问

实际这也是查找问，只不过是到自己脑子里查找。这种问题是要求学生回忆所学过的东西，把它正确地复现出来。这很难说是思考，它只是从记忆库中提取有关信息。如今考试大部分是这类题目，有些虽然看起来似乎很需要思考，但其实该模式学生已经反复练习多次，答题时并不需要学生独立的思考。回答这类问题，记忆力好的学生、经过反复训练的学生大占便宜，但是这并不能说明他们的思维能力一定强，因为这不过是他们把自己已经非常熟悉的东西展现出来了。从某种意义上说，这是一种智力表演。

8. 联想问

这是让学生发挥想象力的问题，没有现成的答案。回答这种问题，想象力强的学生能出风头，但是想象力与分析能力并不是一回事，想象不需要严密的思考，而且有很多学生的想象不过是"浮想"而已，相当于做白日梦，并无多少智慧含量。

9. 非探究性思考问

这类问题才是确实需要学生动一番脑筋才能想出来的。有的需要比较，有的需要综合，有的需要分析，总之，要经过逻辑推理才能得出正确结论。但是，这类问题的结论毕竟教师事先知道。也就是说，对于教师来说，仍然是明知故问。但这类问题含金量比较高。

10. 探究性思考问

　　这类问题也需要复杂的思考才能找到结论，它更困难的地方在于，没有事先的结论，没有标准答案。也就是说，无论学生还是教师，谁都不知道这个问题的最后答案是什么，教师也只是知道一个大概的方向。这才是真正探究式的问题。这类问题含金量最高。

　　我们如何评价一位教师课堂提问的智慧含量呢？那就要看他的问题属于上述哪些种类。关键是最后两类问题的数量和质量。如果教师的第9种和第10种提问较多，或者虽然不多但是显然在全课起到了支柱的作用、提纲挈领的作用，则我们可以说，这位教师的提问"含金量"较高，他的课启动了学生的思维，反之，教师的提问"含金量"就比较低，我们一般称后一种课为灌输式课堂，严重的则称之为"填鸭式"。以记忆复现为主要头脑活动方式的课堂，本质上就是填鸭式的。事实上这种课堂最为普遍，学生在课堂上很少思考。不信我们看一位名师的课堂实录：

课题：《人生的境界》（语文课）
时间：2004年某日
学生：重庆某中学初一学生
听课人数：四千余人
实录整理：教师 2010zhang

师：同学们，你们平时课前3分钟做什么呢？【1】
生：介绍古诗。
师：怎么个介绍法呢？【2】
生：按照学号进行。

师：那今天该谁了？【3】

生：×××

师：谁是×××？【4】

（该学生起立）

师：平时你们在下面介绍呢，还是在讲台上介绍？【5】

生：在讲台上。

被叫起的学生：老师，由于今天是在这儿上课，所以我没准备。

师（微笑）：那怎么办呢？【6】

师（征求全班学生意见）：让他非干不可？找人代替？还是不干了？【7】

（本人深深地被魏老师上课的民主折服。）

被叫起的学生：找人代替。

（其他学生也小声回答：找人代替）

师：那找谁？【8】

生：语文科代表！

师：谁是语文科代表？【9】

（语文科代表起立）

师：好吧，开始。

（语文科代表上台开始介绍古诗《春晓》，包括：作者、朝代、逐句抽学生回答含义、结束时全班诵读全诗）

师：说得很好，上课！

（师生互相问好后，学生没有坐下）

师：我在我们班上课时，一般要要求他们进行口头作文，我们今天可不可以做？【10】

（学生没有回答）

师：举手表决吧！

（一半以上的学生举手）

师：一半以上的同学举手了，说明可以通过。那我们今天说什么呢？【11】（停顿一下）说"我的一天"吧！既然是我的一天，那么一定要说整天所做的事情，我的一天是哪天呢？【12】2020年3月28日！今年你们多大了？【13】

（有学生回答13岁，有学生回答14岁）

师：算算看，中学还有2年，高中3年，大学4年吧，特殊专业可能更长一点，有的同学可能还会继续深造，读完硕士研究生还需几年，到了2020年的今天，大家参加工作了吧？【14】

生：是。

师：好吧！到了那时，我们已经过上小康生活了，你们愿做什么就说什么，随便说说，别管别人，七嘴八舌地说。预备，开始！

（学生开始口头作文，师到几个学生旁边询问他们说的是什么。大约3分钟后，学生口头作文结束）

师：看来同学们一天的工作干得够快的！

（全场爆出一阵笑声）

师：同学们都说得不错，有的当医生了，有的做警察了。好吧，我们开始上课！（生坐下）

师：教材发了没有？【15】

生：发了。

师（埋怨）：我曾告诉你们，老师课前不发教材，今天才发教材给你们，没想到他已经发了。那么你们预习了没有？【16】

生：没有。

师：为什么？【17】

生齐答：不知道上哪一课。

师：能猜到老师今天上哪一课吗？为什么能猜到？【18】

生：《阿Q正传》，因为此文篇幅较长，占全书的比例大。

生：《蜀道难》，因为这篇文章很有意思。

师：我既没有说刚才那位正确，也没有说你的不对。还有吗？【19】

生：《将进酒》，因为我喜欢这篇文章。

师：实在猜不出来我就说了，还是按照顺序讲第一课吧。我们班谁的字写得不错，上台来写本课的学习要求好吗？【20】男女各一名。

（两位学生上台，师也第一次走上讲台。师指导男生写课题：人生的境界；女生写四个学习的要求：

一、作者

二、三个词

三、几种境界怎样达到

四、课后练习）

师：我们完成了这四件事，就能把这篇文章学懂了，有信心吗？【21】

生：有！

师：同学们学课文一般几节课？【22】

生：2节，有时3节。

师：今天咱们争取用一节课，行吗？【23】

生：行。

师：在我们班上课有人管我。有人管老师的作业，有人管老师发火，有人管上课的时间。老师这样做是亏了还是便宜了？【24】

生：亏了。

（众笑）

师：要是老师今天管你们呢？【25】看来咱们今天还是请个同学管时间吧。

（无人举手）

师：管时间其实很简单，就是管住老师，不准拖堂。

（一人举手了）

师：好，借一块表给他，到时间要提醒我，我们就下课。几点下课？【26】45分钟。

生（几个学生看表）：2:30下课。

师：好，我们来看第一个要求，作者是谁，不用讲了吧？【27】

生：冯友兰。

师：哪儿的人？什么身份？（哲学家）【28】

（学生分别回答）

师：连成一句话怎么说？【29】

（学生连成一句话回答）

师：要是今天回家，家长问今天老师讲了什么，怎么回答？【30】

（生答课题）

师：作者呢？【31】连成一句话说。

（生回答完毕）

师：有不会的吗？【32】

（坐最后的一学生举手）

师：请坐最后的那位同学上台来写作者吧。

（生上台写作者）

师：第二个要求：三个词，哪三个？【33】

生齐答：觉解、入世、出世。

师：真聪明！不用我解释了吧？大家看看说出它们的解释需要几分钟？【34】

生：2分钟。

师：好，我们看谁完成得最快，大家要看书，不要看别人，看别人会耽误自己的事。

（全场一阵笑声）

师：预备，开始！

（3个学生立即举起了手，其余学生开始看书上词语的解释）

师：30秒，还剩下八个同学没完成。

（没看完的学生继续看书）

师：40秒了，剩下一个同学没举手。

师：那位同学，因为什么原因没看完呢？【35】

生：我不知道看什么。

师：喔，原来没弄清楚要求。看三个词语的解释。

师（稍停顿）：大家坐直了，把三个词语分别解释一下。

（全班同学齐声回答）

师：会了吧？【36】自己写出来还是请同学上台写？【37】

生：请同学上台写。

（很多学生举手，师请一位学生上台写三个词语的解释）

师：我们是看这位同学写解释呢，还是继续来完成第三件事？【38】

生：完成第三件事。

（师又走下讲台回到了学生中）

师：好，作者认为人的境界有几种？【39】用得着老师讲吗？【40】

生齐答：不用。

师：同学们很棒，不用老师讲，全凭自己的能力。一起说作者认为人的境界有几种，它们分别是什么？【41】

生：四种。分别是：自然境界、功利境界、道德境界、天地境界。

师：大家有没有离开书本就忘记了的？【42】

生：没有。

师：大家把书扣过来，将四种境界写在笔记本上，写完的就举手。

（学生开始书写，约3分钟后学生开始举手）

师：大家做时都没看书，这很好。只有两位同学做完后，想迫切知道正确答案翻开书查了正误。

师：所谓自然境界是指什么？大家不看书能否说得和作者的一样？【43】

生（很多学生举手）：能。

生：人天然就形成的。

生：人一生下来就有的。

师：同意他们意见的举手，不同意他们意见的又有何理由？【44】

（少数几个学生举手）

师：怎么没几个人举手呢？【45】其实刚才他们说得很对，大家看看书。

（不知道老师为什么没请不同意的学生谈理由。）

师：功利境界又是什么？【46】大家是看书呢还是自己思考？【47】

生：自己思考。

师：同学们真勇敢。

（生思考片刻后）

师：大家举手回答吧。

生：我认为是道德境界，它是有利于他人的。

（该生回答不正确，不知道为什么魏老师没有及时给予纠正。）

生：是指某个人做事情只对自己有利。

师：这位同学的答案对吗？【48】同意的请举手。

（一半以上的学生举手）

师：大家看书，看看自己的思考与作者的看法是否一样。

(生齐打开书)

师：第三种境界又是什么？【49】

生：道德境界。

师：道德境界是指什么呢？【50】大家是思考呢还是看书？哪个笨一些？【51】

生：看书笨一些。

师：那大家还是思考回答吧。

(学生陆续举起了双手)

生：为人民、为社会做事情就叫作道德境界。

生：出于自身的道德观念去做事。

师：谁能将他们的答案综合一下？【52】

生：做事情的观念符合社会利益的要求就叫作道德境界。

师：很好，大家七嘴八舌地说说道德境界是一种什么样的状态，自己说自己的。

(所有学生开始回答，片刻)

师：大家看书，看看刚才你们所说的和作者所想的一不一样。

(生打开书)

师：大家齐读这部分行吗？【53】知道是读哪一部分吧？【54】

生：知道！

师：预备，起！

师：其实刚才同学们所说的在本质上和作者说的没什么区别，只是在具体表达上有一些差异，这说明我们班上的同学怎样？【55】

生齐答：聪明！

师：大声说。

生大声重复：聪明！

(全场大笑)

师：你们想的和哲学家说的一样。本文是安排在高三的课本上的，你们虽然是初一，答案却是自己想出来的，你们真的很聪明。其实如果我们经常动脑思考问题，我们更会越来越聪明的。

（老师的此段点评不仅让学生脸上荡起了笑容，也让本人佩服得直点头。）

师：下面我们来看第四种境界，这要我们清楚什么是天地境界。是齐读呢还是男女生比赛？【56】

生：比赛！

师：那谁先读？【57】

生：男生。

（听众们又开始大笑起来）

师：好，男生开始齐读，女生等会儿。大家都思考回答问题。预备，起！

（男生齐读书上介绍天地境界的部分）

师：都读得不错。最后一种境界大家能理解吗？【58】女生们有什么看法呢？【59】

生：我认为天地境界就是人把自己的想法与世界结合起来。

生：我认为天地境界其实就等于道德境界。

师：为什么？【60】这是我第一次听到这样的见解。

生：因为我们还没有发现外星人呢！无法谈清天地境界。

师：很好，你的见解很独到，很有创造性。大家还有其他看法吗？【61】

生：我认为天地境界就是为宇宙做事，将自己的整个身体融入宇宙当中。

师：你这个见解我也是第一次听到，非常好，想象开阔。

生：天地境界的含义比道德境界更进一层，道德境界主要指人类社会，而天地把整个自然界也算在内，天地境界就是为自己身处的整个世界做事。

师：回答全面，很好。

（稍停顿）

师：其实我们有的科学家就认为并没有天地境界，这个问题还有待讨论和研究，我们今天姑且不管。那同学们，第一种境界如何达到呢？【62】

生：不用培养。

师：对，那么功利境界呢？【63】

生：做对自己有利的事情，自自然然，随便随便。

师：很好，大家都说出了前两种境界的共同特征，那就是我们人现在就是。

师：后面的境界又如何达到呢？【64】

（无人举手）

（师提示：只有、才）

师：找到没有？【65】大声朗读！

（生齐读）

师：这部分的关键词语是什么？【66】

生：只有、才。

师：只有、才是关联词。

生：哲学、学习、了解。

师：怎样到达道德境界？【67】

（一学生回答什么是道德境界）

师：回答怎样达到，不是回答什么是。

（一生订正）

师：最要紧的是最后两句话，写的是什么？【68】

(一生回答)

师：请同学们再读一遍。

师：这部分可以删除哪些词？【69】就是简单地用一句话回答。

(生看书齐说)

师：大家抬起头，大声回答好吗？【70】

(生再答)

师：如果今天回家，家长问怎样达到这四种境界，怎么回答？【71】

(生复述)

师：大家背过《道德经》吗？【72】

生：没有。

师：《道德经》其实就告诉了我们回到家为家长做些什么事。我们应该学会为家长做事。

师：我们班谁最不愿意发言？【73】

生：黄×。

师：那黄×同学知道怎样达到这四种境界吗？【74】

黄×答：会。

(请黄×上台板书)

师：下面我们来完成课后作业，几个大题？【75】

生：2个。

师：老师留作业好不？【76】

生：不好。

(众笑)

师：那我们一起解决吧。第一大题几个小题？【77】

生：(?)

(本人没听清楚)

师：我们看第一小题。男生读题，女生（故意停顿）——

生：回答！

（众笑）

师：好，男生读题，如果没人举手回答，此题就算放弃了。预备，起！

（男生读完题）

师：同学们答题请抓住关键词。

（女生开始举手回答，回答得非常好）

师：此大题其余的小题还用老师说吗？【78】

生：不用。

师：同学们非常不错，老师要说的内容同学们事先都知道了。

师：第二大题几个小题？【79】

生：（？）

（本人又没听清楚）

师：第一小题不用回答了吧？第二小题呢？【80】

师（稍停顿）：这个题不好回答，即使是高三的学生也很难准确回答出来，估计出题的人也很难回答得完全正确。

师：如果考试非要出这道题，怎么回答？【81】

生：按照自己的想法，随随便便说一下就行了。

师（稍停顿）：到了这个时候，有人该提醒我了。

管时间的学生（起立）：老师，该下课了。

（众笑）

师：还有最后的小题没说，还上吗？【82】赞同还上的请举手！

（众笑，少数学生没举手）

师：好，继续吧，最后的又是开放性试题。怎样理解"出世"、"入世"？【83】

（生沉默）

师：不愿意理解就不理解吧，愿意理解的同学如果不能体会，等我们到了高三再体会。

师：我最后给所有的老师提点建议，希望老师们和学生一起玩，一起聊天，一起讨论，在我们学校老师都和学生们打成一片。最后上完课，希望老师不要一下课扬长而去，如果我们和学生的距离近一些，那么我们的无效劳动就会少一些。

师：大家对这堂课有何看法呢？【84】找个愿意回答的同学吧。

生：老师教会了我们许多人生的哲理。

生：这节课我不光学到了知识，还掌握了学习的方法，这对我们以后的学习帮助很大。

师（走到黄×旁边）：你上课最不喜欢老师的问题，刚才老师逼你回答问题，你有什么意见呢？【85】

黄×：我觉得时间过得太快了，这堂课还没上过瘾。

（众大笑）

师：刚才大家学习了人生的四种境界，那你们认为自己现在在哪个境界呢？【86】请大家闭上眼睛，这样回答问题不会受到别人的干扰。

（众生闭上眼睛）

师：感觉自己在自然境界的请举手。

师：1人举手。

师：感觉自己进入功利境界的请举手。

师：14人举手。

师：已经进入道德境界的请举手。

师：进入道德境界的同学很多哟。

师：进入天地境界的呢？【87】

师：一人举手。好吧。

（众生睁开眼睛）

师：你们猜老师怎么看待这种问题呢？【88】你们猜猜老师对咱们班同学的看法是什么？【89】

生大声齐答：聪明。

（众又一次大笑）

师：同学们真的很聪明。同学们的听说读写能力都不错，因为你们听老师的看法和我很有默契，同学们刚才的口头作文也很精彩，同学们刚才读课文也很好，同学们听说读方面的能力都不错，那么写的能力就不用说了，比如同学们刚才对词语意思的书写、上台板书的都很精彩。

师：好了，下课。

(http://www.eduqy.com.cn/blog/user1/zhaowei/archives/2008/2008531161842.html)

附：课文原文

人生的境界

冯友兰

哲学的任务是什么？我曾提出，按照中国哲学的传统，它的任务不是增加关于实际的积极的知识，而是提高人的精神境界。在这里更清楚地解释一下这个话的意思，似乎是恰当的。

我在《新原人》一书中曾说，人与其他动物的不同，在于人做某事时，他了解他在做什么，并且自觉地在做。正是这种觉解，使他正在做的事对于他有了意义。他做各种事，有各种意义，各种意义合成一个整体，就构成他的人生境界。如此构成各人的人生境界，这是我的说法。不同的人可能做相同的事，但是各人的觉解程度不同，所做的事对于他们也就各有不同的意义。每个人各有自己的人生境界，与其他任何个人的都不完全相同。若是不管这些个人的差异，我们可以把各种不同的人生境界划分为四个等级。从最低的说起，它们是：自然境界，功利境界，道德境界，天地境界。

一个人做事，可能只是顺着他的本能或其社会的风俗习惯。就像小孩和原始人那样，他做他所做的事，然而并无觉解，或不甚觉解。这样，他所做的事，对于他就没有意义，或很少意义。他的人生境界，就是我所说的自然境界。

一个人可能意识到他自己，为自己而做各种事。这并不意味着他必然是不道德的人。他可以做些事，其后果有利于他人，其动机则是利己的。所以他所做的各种事，对于他，有功利的意义。他的人生境界，就是我所说的功利境界。

还有的人，可能了解到社会的存在，他是社会的一员。这个社会是一个整体，他是这个整体的一部分。有这种觉解，他就为社会的利益做各种事，或如儒家所说，他做事是为了"正其义不谋其利"。他真正是有道德的人，他所做的都是符合严格的道德意义的道德行为。他所做的各种事都有道德的意义。所以他的人生境界，是我所说的道德境界。

最后，一个人可能了解到超乎社会整体之上，还有一个更大的整体，即宇宙。他不仅是社会的一员，同时还是宇宙的一员。他是社会组织的公民，同时还是孟子所说的"天民"。有这种觉解，他就为宇宙的利益而做各种事。他了解他所做的事的意义，自觉他正在做他所做的事。这种觉解为他构成了最高的人生境界，就是我所说的天地境界。

这四种人生境界之中，自然境界、功利境界的人，是人现在就是的人；道德境界、天地境界的人，是人应该成为的人。前两者是自然的产物，后两者是精神的创造。自然境界最低，往上是功利境界，再往上是道德境界，最后是天地境界。它们之所以如此，是由于自然境界，几乎不需要觉解；功利境界、道德境界，需要较多的觉解；天地境界则需要最多的觉解。道德境界有道德价值，天地境界有超道德价值。

照中国哲学的传统，哲学的任务是帮助人达到道德境界和天地境界，特别是达到天地境界。天地境界又可以叫作哲学境界，因为只有通过哲学，获得对宇宙的某些了解，才能达到天地境界。但是道德境界，也是哲学的产物。道德认为，并不单纯是遵循道德律的行为；有道德的人也不单纯是养成某些道德习惯的人。他行动和生活，都必须觉解其中的道德原理，哲学的任务正是给予他这种觉解。

生活于道德境界的人是贤人，生活于天地境界的人是圣人。哲学教人以怎样成为圣人的方法。我在第一章中指出，成为圣人就是达到人作为人的最高成就。这是哲学的崇高任务。

在《理想国》中，柏拉图说，哲学家必须从感觉世界的"洞穴"上升到理智世界。哲学家到了理智世界，也就是到了天地境界。可是天地境界的人，其最高成就，是自己与宇宙同一，而在这个同一中，他也就超越了理智。

中国哲学总是倾向于强调，为了成为圣人，并不需要做不同于平常的事。他不可能表演奇迹，也不需要表演奇迹。他做的都只是平常人所做的事，但是由于有高度的觉解，他所做的事对于他就有不同的意义。换句话说，他是在觉悟状态做他所做的事，别人是在无明状态做他们所做的事。禅宗有人说，觉字乃万妙之源。由觉产生的意义，构成了他的最高的人生境界。

所以中国的圣人是既入世而又出世的,中国的哲学也是既入世而又出世的。随着未来的科学进步,我相信,宗教及其教条和迷信,必将让位于科学;可是人的对于超越人世的渴望,必将由未来的哲学来满足。未来的哲学很可能是既入世而又出世的。在这方面,中国哲学可能有所贡献。

我把这堂课教师的提问编了号,共约 89 个。

我不知道这课书实际用了多长时间。我假定包括前面的热身在内一共用了两节课,90 分钟。那么平均 1 分钟左右教师就发出一个问题,密度够大的。在教师如此连珠炮式的问题之下,学生还有时间集中精力思考吗?这里几乎只有教师问学生,没有学生问教师,学生是相当被动的。

我们再把教师的这些问题分类,看看教师问题的质量。我们按数量多寡的顺序列。

(1) 题外问,26 个,约占 29%。

这主要是进入正题之前的"热身",后面还有一个总结性问题。

【1】【2】【3】【4】【5】【6】【7】【8】【9】【10】【11】【12】【13】【14】【15】【16】【17】【18】【19】【20】【22】【24】【25】【26】【88】【89】

(2) 查找问,18 个,约占 20%。

【30】【33】【39】【41】【46】【49】【50】【62】【63】【64】【66】【67】【68】【71】【74】【75】【77】【79】

(3) 表态问,15 个,约占 17%。

【21】【23】【27】【32】【34】【36】【40】【43】【44】【53】【58】【70】【78】【80】【82】

(4) 其他类问题(多是一般性询问),16 个,约占 18%。

【29】【31】【35】【42】【45】【52】【54】【55】【57】【59】【60】【61】

【65】【72】【73】【85】

(5) 选择问，6个，约占7%。

【37】【38】【47】【51】【56】【76】

(6) 非探究式思考问，6个，约占7%。

【69】【81】【83】【84】【86】【87】

(7) 是非问，1个，约占1%。

【48】

(8) 记忆问，1个，约占1%。

【28】

可以看出，直接与本课教学内容有关的问题仅占全部问题的70%左右，在这70%的问题中，确实需要学生动脑筋的问题只是查找问、非探究式思考问和记忆问，共占全部问题的28.1%。查找问是本课最有教学色彩的问题，是问题的主力。然而前面说过，这种问题答案就在书本中，学生把它找出来就行了。这当然需要有点分析判断能力，但是一般不需要太多智慧，因为答案是现成的。查找问对学生的思维训练，意义不大。

这堂课中真正需要动一番脑筋才能答出的问题其实是第六类——非探究式思考问。这类问题的教学含金量是最高的。我们把这几个问题列出来，看看它们在整个课堂中处于什么地位：

【69】这部分可以删除哪些词？

【81】如果考试非要出这道题，怎么回答？

【83】怎样理解"出世"、"入世"？

【84】大家对这堂课有何看法呢？

【86】刚才大家学习了人生的四种境界，那你们认为自己现在在哪个境界呢？

【87】进入天地境界的呢？

可以看出，这几个题目是放在课堂的尾部，题目设计得比较零散，带有自由发言和读后感的性质，教师对这些题目似乎也不怎么重视，甚至答不答均可。从开头教师提的教学目标可以看出，教师认为只要学生记住作者，记住"三个词"，知道"几种境界怎样达到"，做了课后练习，"完成了这四件事，就能把这篇文章学懂了"。在教师的心目中，这根本就是一堂"记忆课"。

而且提这几个问题时，快下课了，学生并没有多少思考的时间，教师也没想追问，于是这几个含金量相对高一点的问题，就这样草草收兵了。

所以愚以为，这堂课的教学提问，总的说来"含金量"是比较低的，教师实际上并未真正启动学生的思维，这基本上是一堂灌输型的课。从课堂管理角度看，它的有效性是比较差的，在切实提高学生的思维能力方面，几乎没做什么事情。

可能有读者会问我：你若讲这篇课文，提问不提问？你能提出"含金量"高一些的问题吗？我想我可以试一试。

首先我要说明，冯友兰这篇文章，不适合在初中学习，所以我会在高中讲此文，最好是高三，因为高三学生正面临生活的抉择，讨论人生境界问题，容易触动其心灵，高三学生的理解能力已经比较强，学习这样的哲学文章，教育教学效果会好一些。在初中讲此文，学生恐怕只能在字面上漂浮。

上课以后，我简单介绍一下作者，就让学生自己看课文。粗读一遍之后，我提出一个问题。

◆问题1：请从这篇课文中找出几个关键词语，这几个词语要能反映本文的深层次逻辑关系。找出之后，请说明理由。

让学生带着这个问题再读课文。然后，找人发言。

预计学生可能找出的词语有：

自然境界　功利境界　道德境界　天地境界

觉解　意义　境界

哲学　中国　哲学

学生可能说得比较乱，我把它们分成上述三组，板书。

如果学生发现不了第二组词语，水平停留在第一组，我只好启发一下，哪怕有一两个学生能发现也好。然后我提第二个问题。

◆问题2：你认为哪一组更能反映本文深层次的逻辑关系，为什么？其他两组为什么没有这一组重要？

可让学生分小组讨论，论证自己的意见，反驳不同意见。

然后请小组代表（最好是不同意见的代表）在班里发言，互相驳诘。

最后我来陈述个人意见（不是标准答案）：

我赞成第二组，"觉解，意义，境界"。理由是，人类因为能觉解，才能懂得生存的意义，生存有了不同层次的意义，于是显出不同的境界。觉解，意义，境界，才是本文的深层逻辑线索，一条红线。实际上作者在论述每一种人生境界的时候，也都是从觉解和意义入手的。可见第一组"自然境界，功利境界，道德境界，天地境界"，不过是人觉解之后找到意义的不同高度，是结果而不是原因。第三组"哲学、中国哲学"则是本文的视角和背景，并非文章的核心部分。

这堂课，我提的主要问题只是两个，完整而不细碎，学生有大量时间可以用于独立思考和互相讨论。这两个问题都是需要思考的。开头似乎有查找性质，但它只是个引子，为的是引出追问。第二个问题是全课的核心问题，教学之纲。这个问题能带动全课的教学。我的这两个问题有利于提高学生的思维能力和阅读能力，对指导人生也有好处（让学生明白，提高自身境界，需要觉解，需要寻找意义）。愚以为，这样的问题，才有较高的"含金量"。

第四节　增加作业的"含金量"

要建设有效课堂，增加作业的含金量是一项重要的任务。靠"题海战术"吃饭，片面强调熟能生巧，拼命留作业争夺学生可怜的课余时间，这些都是很落后的教学理念，相当于粗放式经济、高耗能企业，浪费的是最宝贵的东西——学生的精力。增加作业的"含金量"，等于实现"低碳教学"，肯定是大趋势。

我们从确定作业谈起。

通常所说的作业，指的就是家庭作业，在学校完成的作业称之为课堂练习。愚以为，确定家庭作业的首要原则是少而精。家庭作业越少越好，不留最好。能留一个题达到教学目的，就不要留两个题。作为教育者，当他谈到"熟能生巧"的时候，脑子里必须同时想到另外四个字："多能生厌"。现在学生的厌学，多与教师乱留作业有关。我们应该研究一下，某类问题，学生大约做几遍就可以达到熟练程度，掌握这个火候，才能不浪费学生的精力。学校有关领导也应该协调各科教师留家庭作业的数量，不可以"责任心强"为旗号，纵容一些教师不理智地加大作业量，侵占学生的业余时间，搞不公平竞争。题海战术是与教师普遍的专业素质不高相联系的。教师头脑越不清楚，留的垃圾作业越多。其实从素质教育的角度看，完全可以根据一位教师留作业的质量来评价其教学水平，这比单纯看学生的考试分数要准确得多，公平得多，因为对于有些班级（尤其在小学），学生暂时的高分很可能是靠学生拼体力拼出来的，那是些"血汗分数"，科技含量很低，这肯定会妨碍学生未来的发展。因为学生基础不同，智力不同，教师布置家庭作业确有难处，众口难调。有些题目，对高分生可能是不必要的，对低分生却是需要的。所以教师应该学会分层布置作业，让不同的学生做不同数量和不同质量的作业。教师们反映这样做管理起来比较困难，是的，这样就无法一刀切了，是有点麻烦，然而更大的难处在于这对教师的专业能力提出了更高的要求，你得准确地判断哪些学生做哪些题合适，得对课本上的练习题做灵活处理，这不是每个教师都能做到的。

关于垃圾作业，我们看看几位外国教师怎么说：

……"垃圾作业"不仅浪费了宝贵的时间，而且还会引起厌倦、疏远和不良行为。

(摘自：卡罗尔·西蒙·温斯坦. 中学课堂管理 [M]. 第二版. 田庆轩，译. 上海：华东师范大学出版社，2006：162)

……多尼、克里斯蒂娜、桑迪和弗雷德很仔细地评估了他们在课上让学生完成的作业。这里是他们问自己的一些问题：

练习的目的是什么？

这项练习与现在的指导有关吗？学生们能看到它们之间的联系吗？

学生们可能认为这项练习是值得做的，还是无聊的，还是没有意义的？

这项练习为学生提供了锻炼重要技能的机会或解决问题的机会吗？

这项练习是否要求进行阅读和写作？或者它们只是让学生填空、画线或者画圈？

这项练习要求高水平的回答，还是低水平的回答、事实性的回忆或者是对不相干的技巧进行"训练并完善"？

这项练习有在学校做（例如，需要老师指导）而不是在家做的理由吗？

(摘自：卡罗尔·西蒙·温斯坦. 中学课堂管理 [M]. 第二版. 田庆轩，译. 上海：华东师范大学出版社，2006：165)

我儿子上初中时，老师留过这样一个作业：把5门课已经考完订正过的卷子连题目带答案抄写一遍。那是将近10张8开纸呀！可想而知，工作量是相当大的，肯定把星期日都要搭进去了。儿子哭丧着脸站在我面前。我莫名其妙，问："你都考了多少分？"他把卷子拿给我看，每门都是95分以上，错的地方很少。我更奇怪了："这种情况让你把错题抄一遍，还有点道理。已经做对的题，为什么还要连题目抄？"儿子说："不知道。反正全班都得做。"我说："这个作业你别做了。"儿子立刻做惊恐之状："那不行，老师会说我的！"我说："老师要说你，我去找她解释。好不好？"儿子勉强同意了。周一早晨，他惴惴不安地上学去了。我在儿子面前充大胆，其实心里也打鼓，说实话，老师要是指责我怂恿孩子不写作业，我也没办法，我深知世界上有些事没处说理去。别看我是经常给教师讲课的人，但在孩子的老师面前，我就归入"弱势群体"了。闲言少叙。好不容易挨到孩子放学。他一进家门，我就直盯着他的脸，小心翼翼地问："怎么样？老师批评你了吗？"没想到孩子满脸轻松地说："嗨，老师根本就没有收这个作业。她大概忘了。"阿弥陀佛！我如释重负。这件事就这么过去了。后来我常常想，呜呼！这样留作业，谁听老师的话谁倒霉。

这就属于"垃圾作业"。此事比较极端，但是在学校里，机械重复式的、无聊的、无用的、学生根本不会做的作业，还是很多的。恐怕孩子做的"垃圾作业"比他们吃的"垃圾食品"一点也不少。

一个是损害了孩子的身体，一个是损害了孩子的精神。

作为教育者，我们一定要清醒地认识到，作业绝不是只有好处没有害处的东西，作业也是一把双刃剑。很多教师认定"多做题总比少做好"，"题海战术"就是这么来的。这是没有科学依据的，也是缺乏效率观念的。然而为什么"题海战术"极难克服呢？这里面其实有一个专业水平问题。给学生留作业这件事，教师的自主权还是比较大的。因此，把"垃圾作业"完全归罪于考试制度或学校管理，说服力不强。如果教师吃透了教材，吃透了学生情况，那么，留3道题能解决问题，他就不必留6道。反之，如果教师心里没底，他就不敢这样做，为保险起见，他宁可多留，"有枣一竿子，没枣一棒子"。至于多少学生因此做无用功，就顾不得了。由此可见，作业少而精，恰到好处，或者分类留作业，那是需要研究做支撑的，需要更高的业务能力，还需要胆略；而不问青红皂白大留"垃圾作业"，对教师智力的要求就低多了，只要有股狠劲，敢没完没了和学生较劲，就行了。很遗憾，有相当多的教师走的是后一条路，还自我安慰曰："工作努力"、"负责任"，我真的希望这种局面能逐渐改变。

下面说布置作业。

美国教师桑迪介绍自己布置作业的经验说，她第一次把家庭作业写在黑板上时，写在黑板的中央，字非常大，并让学生马上抄下来。然后她又写在黑板的左角上，一直保留到要检查的那天。她还不时地提醒学生们把题目序号也写得很清楚。比如，作业是第1—5题，她就写出"第1，2，3，4，5题"，因为一些学生（尤其是缺乏学习能力的学生）不知道逗号和连接号的区别。

有些学生不能按时按要求完成作业，是因为他们没听清楚，而没听清楚的原因，有时与教师没有交代清楚有关。然而教师通常是不会承认这一点的，他会辩解说："我是这样这样给学生布置的，我说得还不清楚吗？他不好好听，我有什么办法？"

这里有个标准问题。清楚与不清楚，不能以教师的自我感觉为准，而应该以学生的感觉为准。教师应该有本领让那些学习能力较差的孩子、注意力水平较低的孩子、记忆力较差的孩子、马马虎虎的孩子，也能听清、记住、不记错。这是一种专业技术，是教师的基本功，这也是需要动一番脑筋的，不像有些人想的那么简单。桑迪老师的做法，细腻而有梯度，周到而不啰唆，照顾到了所有学生。我们不要小看这件事。其实这也是一种人文关怀。人文关怀，在一定意义上可以说就是"将心比心"，换位思考。善于站在学生角度思考问题的教师，既有人文精神，也容易提高专业能力，因为专业能力是为人服务的。

说到这里，我想起了一件往事。那是几十年前我做中学教师的时候，有一次我和一个学生聊天。她说："我喜欢××老师。"我问她："为什么？"她回答："因为他写字大，我看得清楚。"原来这个学生是近视眼，个儿又高，无法坐在前排。她常常看不清教师的板书，而那时不是每个学生都有钱配眼镜的。我听她这么说，恍然大悟，第二天板书就改变了风格，字特大，我宁可多擦几次黑板。我发现有些学生对此很高兴，看我的眼神都流露出笑意。我很感谢这位同学，如果不是她提醒，我不知何时才能意识到这个问题呢！

下面谈检查作业。

作业收上来之后，或者教师全批全改，或者抽查，或者让学生互相批改，或者教师口头订正让学生自己批改。这些我就不说了。我这里只想说一个问题，作业不要过分重视形式上的美观。

记得多年前我教书的时候，有一位同事的教学笔记格式非常规范（完全符合领导的要求），内容特别丰富，书写特别整齐，因而屡受表扬。可是大家都知道，他的教学水平并不算高。然而因为这种表扬的导向作用,这位老师把大量精力用在教学笔记的书写上了（其实基本上是抄教参，这谁都知道），他的教学水平提高得并不快，多年停滞不前。我觉得这是一个明显的例子，务虚名而招实祸，只顾教学笔记外表好看，忽视了真实素质的提高。

这些年许多学校教师人手一台电脑，上网又很方便，于是很多教师就自己不备课，从网上下载（网上教案多极了）。学校收教案时，打印一份交差。领导一看，这哪儿行呀！于是下令教案必须手写。教师没奈何，只好把打印的东西再手抄一遍，交上去，领导一看字迹工整，过关了——本来费一份时间，现在则是两份。总而言之，这些领导的思维方式和管理模式是誓死停留在表面现象上，搞形式主义绝不动摇。

领导为什么会这样？恕我直言，很可能是因为他们除了看表面现象，没别的本事，这种管理方式对人的智商要求最低。如果校长、主任素质高，确实内行，确有水平，他就不会太在意你的教案是打印的还是手写的，甚至不会太在意格式和内容长短，因为我一看就知道你的教学设计是否可行，有没有创意，我也能知道你的教案是抄别人的还是自己搞出来的。换句话说，我能实现高一级的管理，就不必在低级管理上过分较真了。

同样道理，教师对学生的作业字迹要求过于苛刻（尤其是中学以上），也有可能是他专业水平不够、思维方式死板造成的。越是缺乏内涵的人越追求外表，这是一般规律。

请不要误会。我不是在提倡字迹潦草，更不是在歌颂偷懒，我只是说，有比外表更重要的东西需要我们关注。而且我认为，如今很多学生写字非常难看，重要原因之一是他们写得太多了。说来有趣，教师本希望熟能生巧，结果却是"萝卜快了不洗泥"。写字的关键其实也在于思考（揣摩字的间架结构和用笔的气韵），学生每日作业如山，急急忙忙，哪还有时间揣摩？

最后我们来谈谈不交作业的惩罚措施。

洛登老师的办法有点新意，她告诉学生，你可以不完成作业，但是你会得到 -2 分。到学期结束进行协议评分的时候，教师会把这些负分数加起来，从平均分里扣除。结果有的学生虽然通过了考试，还是不及格。学生如果想补救，可以在一个很短的期限内（比如两天）补做家庭作业。补了之后，教师就还给他们 1.5 分，他们就只丢了 0.5 分。

学生不完成家庭作业，我们通常的惩罚方式是批评、罚抄、打电话通知家长、放学不让回家、写检查等。请注意我们的这些办法有个共同特点：人与人交锋。这位洛登老师的办法则不然，照章办事，烟不出火不冒，你自己不完成作业最后自己负责，我还给你补救机会，挺有人情味。洛登老师的办法显然有利于学生的自我教育，而且可以减少一些师生矛盾。

我们历来都是主要靠人（教师）来管人（学生），愚以为应该逐渐增加"制度管人"的成分。用制度管人，教师就不必正面与学生交锋，不必赤膊上阵，而处于某种"制度执行者"的相对中立的地位。这种管理姿态，师生双方都比较安全，效果较好。

每当我看到教师急赤白脸甚至气急败坏地和学生发火的时候，我都会想："不必如此吧。"这不光是个教师修养问题，还是个工作思路问题。

如果一个教师总是沿着"我要教育你"的思路想事，他很容易冲上一线与学生作战。如果他的想法是"我要帮助你自己教育自己"，他的姿态肯定就不是站在学生对立面了。他靠影响、靠制度、靠情境教育人。

任何人一个人，只要迷信"人治"，他就不可避免地要做"恶人"，最后往往弄得自己非常委屈和寒心。

这个道理非常重要，值得每位教师深思之，明察之。愚以为，在当今时代，能想通这个道理，才算是摘掉了"教育外行"的帽子。

本书到这里就要收尾了。现在我们来回忆一下，这本书都说了些什么。

我们是从课堂这个概念（课堂是教育教学与管理的交汇之处；学习与生活的交汇之处；课堂在社会化与个性化的两难之中；课堂对学习有利有弊）说起的，然后说到课堂管理是什么（课堂管理是交流，而不只是外部控制；是质的管理而不是量化管理；是柔性的，而不是刚性的；是为了学生的发展，而不只是为了教育者的业绩）。其后，我们谈到了课堂管理的四个支柱理念（认清课堂的基本特点，预防意识，大局意识，合理的期望值），在此基础上，我们开始讨论课堂管理的三大目标（创建有安全感的课堂、有秩序的课堂、有效的课堂）。总之，我的基本思路是先研究"是什么"，再研究"怎么办"。本书不可能面面俱到，只希望笔者的思考对老师们能有所启发。

万千教育 中小学教师专业发展

书号	书名	著、译者	定价(元)
中小学课堂管理系列			
9193	让教师都爱上教学 ——307个好用的课堂管理策略	罗兴娟 译	34.00
7312	让学生都爱听你讲 ——课堂有效管理6步法	屈宇清 等 译	20.00
7697	课堂管理，会者不难	王晓春 著	26.00
0800	中小学生纪律教育 ——全方位解决纪律问题的策略	陆如萍 等 译	42.00
8502	中学课堂纪律管理指南	徐昌和 等 译	48.00
0673	透视小学生课堂行为 ——小学教师的课堂管理指南（第九版）	赵琴 译	48.00
0674	透视中学生课堂行为 ——中学教师的课堂管理指南（第九版）	陈彩虹 译	46.00
中小学课堂管理系列合计			**264.00**
中小学教育理念与实践系列			
1139	如何当好教研组长 ——中小学教研组长专业素养与行动	杨向谊 著	36.00
1566	教导主任工作问题案例集	黄银美 主编	42.00
1471	闪闪发光的故事：童书阅读与欣赏	周益民 著	32.00
0801	故事、儿童和作家的秘密 ——走近儿童阅读	周益民 著	32.00

0163	童年爱上一本书 ——教师、父母如何伴读	周益民 著	28.00
1564	教育：一场惊人的旅行	史金霞 著	62.00
8931	重建师生关系	史金霞 著	42.00
9906	教师怎样少做无用功？ ——高效能教师必备法则	王晓春 著	32.00
8557	王晓春给青年教师的100条建议	王晓春 著	28.00
0734	怎样评价学生才有效 ——促进学习的多元化评价策略	陶志琼 译	48.00
8771	教师怎样说话才有效	李进成 著	32.00
0540	从生活中悟教育智慧 ——教育隐喻启示录	严育洪 著	36.00
0035	重构教师思维 ——教师应知的28条职业常识	刘 祥 著	32.00
9746	教师职业生涯十大误区	茅卫东 著	27.00
9554	"偷师"杜威 ——开启教育智慧的12把钥匙	邱 磊 主编	35.00
9137	跟禅师学做教师	谢 云 著	28.00
8952	教育管理学：理论与实践（新版）	朱志勇 等 译	88.00
8574	魅力男教师修炼36计	林华民 著	29.00
8601	破解挑战教师智慧的42个问题	宁 杰 郑立平 著	36.00
8564	零距离英国教育	唐彩斌 等 著	35.00
7615	零距离美国课堂	王 文 著	28.00

……
欲了解更多图书信息，请登录：www.wqedu.com
联系地址：北京市西城区三里河路6号院2号楼213室　万千教育
咨询电话：010-65181109，65262933

*本目录定价如有错误或变动，以实际出书为准。